Fragments
sur le libertinage contemporain

Philippe Rigaut

Fragments
sur le libertinage contemporain

Préface de Michel Maffesoli

Liber

Les éditions Liber reçoivent des subventions du Conseil des arts du Canada, du ministère du Patrimoine canadien (Livres Canada), de la SODEC (programme d'aide à l'édition) et participent au programme de crédit d'impôt-Gestion SODEC pour l'édition de livres du gouvernement du Québec.

Illustration de la page couverture : Ressan, « L'accueil ».

Dépôt légal : 3e trimestre 2017
Bibliothèque et archives nationales du Québec

© Liber, Montréal, 2017
ISBN 978-2-89578-620-7
e-ISBN 978-2-89578-621-4

Le désir ne sème ni ne moissonne, ne succède qu'à lui et n'appartient qu'à lui. Il se désigne cependant comme le créancier absolu.

René Char, Crible

Préface

Tout fait social est un fait sociologique. *Quoique je ne me revendique pas souvent de l'étiquette de sociologue, cet apophtegme d'Émile Durkheim m'a conduit tout au long de ma carrière de professeur de sociologie dans la chaire de ce dernier à la Sorbonne.*

On le sait j'ai accompagné des thèses sur les sujets les plus divers, certaines m'ayant à l'époque amené des remarques peu amènes de certains collègues qui s'inquiétaient de ce que l'on fasse rentrer l'« homosexualité » ou l'« astrologie » à la Sorbonne.

Il m'a donc semblé tout naturel d'accéder à la demande de Philippe Rigaut de préfacer ses Fragments sur le libertinage contemporain.

Bien sûr cet ouvrage commence par une sorte d'« aveu d'impuissance », il ne serait pas une « authentique enquête sociologique », car il y manquerait « des données quantitatives rigoureusement établies ». Je suis de ceux, et lui aussi je le pense, qui savent que pour appréhender un certain nombre de phénomènes sociétaux, il est nécessaire de commencer par une méthode compréhensive, qui permette d'en dégager les grands types, les formes de relation qu'ils impliquent, la configuration imaginaire dans laquelle ils s'inscrivent. Laissant aux gestionnaires propriétaires des différents sites de rencontres (clubs et réseaux sociaux) le soin de compter leur clientèle et leurs bénéfices.

Le libertinage ou plutôt sa sortie de la sphère intime et honteuse où le cantonnaient la modernité et son modèle puritain et productiviste doit d'abord être compris comme dessinant de nouvelles formes de relations entre les personnes, de nouvelles formes de socialité.

Il est une manifestation de la double recherche qui anime la postmodernité naissante : la perte de soi du sujet dans une fusion / confusion à l'autre, aux autres; l'inversion de la flèche du temps, c'est-à-dire l'intensification du présent au détriment de la projection dans l'avenir.

Ces éléments apparaissent bien dans l'ouvrage proposé par Philippe Rigaut.

Mais tout d'abord je voudrais dire combien est appréciable l'enquête empathique qu'il a menée, loin des questionnaires réduisant chaque individu interrogé à une catégorie préétablie : « appréhender l'érotique libertine dans sa concrétude [...] l'envisager [...] dans ce qui se présentéïse anthropologiquement lorsque se joue cette confrontation de l'intime et du nombre qui en est le principe même ».

Mais cet ouvrage n'est pas non plus un simple recueil de « témoignages journalistiques », il restitue les diverses pratiques libertines observées à partir de « l'examen des annonces sur les sites de rencontres

ainsi que d'entretiens avec des acteurs du milieu ».
Car, il examine quelles sont les formes de socialité qui
se nouent dans ces rencontres, quelles communautés
elles contribuent à faire vivre, quelle diversité elles
retracent qui dépasse bien sûr les assignations à statut
socioprofessionnel et les identités figées en général.

C'est effectivement comme perte de l'Un (l'in-
dividu sûr de lui, de son statut, de sa conscience et
de son identité sexuelle, souvent propriétaire de son
partenaire) qui se joue dans ces pratiques : « le liber-
tinage se rapproche indéniablement du modèle de
la communauté, avec sa géographie (empirique et
visuelle), sa sociologie, ses codes, ses cloisonnements
internes, ses influences esthétiques ». Et plus loin : « Le
libertinage n'est pas circonscrit à un groupe social
uniforme, classe d'âge, catégorie socioprofessionnelle,
famille philosophique. »

Mais justement parce qu'il s'inscrit dans notre
postmodernité, dans laquelle chacun n'est plus assigné
à une identité unique déterminant l'ensemble de sa
vie, profession, loisir, culture, relations affectives et
sexuelles, mais au contraire est une personne (per-
sona, le masque de l'acteur) s'identifiant selon les
conjonctures et les occasions à différentes tribus, le
libertinage est une des formes d'expression com-
munautaire à côté d'autres. Le libertin n'est plus
ce marginal ou cet avant-gardiste, cet artiste ou ce
monstre moral que d'aucuns croient y voir encore. Il
est l'homme banal, l'homme sans qualité.

Mais il n'est pas non plus, par sa nature même,
une pure expression individuelle, une sorte de « libre
expression de tous les fantasmes et désirs ».

Philippe Rigaut reprend l'expression que j'ai utilisée (Homo Eroticus, *CNRS Éditions*, 2012) pour traduire les différentes formes de relations qui se nouent dans la société postmoderne : « Ordo amoris ». Rapporter le libertinage à cet ordre de l'amour nous éloigne dès lors de l'anecdotique sensationnel : « dans le libertinage, l'acte sexuel devient en quelque sorte plus grand que lui-même ».

C'est pour cela d'ailleurs que la conclusion apportée à ce chapitre consacré à la socialité libertine est un peu timorée : Philippe Rigaut parle en effet d'un temps (le nôtre) dans lequel « l'individu possède une conscience de lui-même bien plus aiguë (mais pas nécessairement plus lucide) qu'aux époques où le principe holiste s'exprimait avec d'avantage de vigueur et de netteté ». Je crois au contraire au retour de formes de relations sociales de type holiste et le libertinage comme perte dans l'autre, comme sortie du petit soi de la conscience pour accéder au grand Soi (celui de l'incorporation par chacun de l'inconscient collectif) en est une des manifestations. Une seulement bien sûr, car l'ordo amoris *se manifeste aussi dans les relations affectives et d'amour et pas seulement sexuelles et amoureuses, il se manifeste dans les multiples expressions artistiques, dans les évènements (avènements) donnant lieu à expression des émotions collectives.*

Outre la disparition de l'identité individuelle au profit de l'identification tribale, le phénomène libertin traduit également la nouvelle trajectoire de la flèche du temps.

Nos sociétés modernes s'inscrivent dans l'histoire, elles veulent, particulièrement depuis la Révolution

française, « faire du passé table rase » ou en tout cas le
« dépasser ». S'inscrivant en cela dans le topos mono-
théiste des religions du Livre : ce monde est immonde
(« mundus est immundus », disait saint Augustin),
heureusement les roses du paradis nous attendent
après cette vie d'épines. Message bien sûr relayé par
la modernité marxiste, remplaçant le paradis du
ciel par la société communiste parfaite, au bout du
mouvement inexorable du Progrès.

Le libertinage, comme tant d'autres pratiques
domestiques et locales retrouvées, s'inscrit résolument
dans le présentéisme et le relativisme. À chaque situation sa vérité, à chaque situation sa configuration
sociale. Bien sûr, ce présent est enrichi de la tradition
dans laquelle il s'inscrit. Les rites, et dieu sait qu'ils
sont nombreux dans les pratiques libertines (sexuelles
en général), les rites donc permettent d'affronter les
situations nouvelles, scabreuses parce qu'inconnues,
les explorations de mondes différents. Et le présent
est gros de l'avenir, c'est-à-dire que celui-ci n'est plus
projeté au loin, en dehors de l'acte, mais que l'acte
s'épuise en lui-même. Pour reprendre une expression
de mon maître et ami Gilbert Durand, « le temps
est einsteinisé », c'est-à-dire qu'il est concentré dans
le lieu.

C'est pour cela que le libertinage a trouvé une
nouvelle intensité par l'explosion des divers sites y
consacrés : réseaux sociaux spécialisés ou non, applications de rencontres, etc. Dès lors nombre de catégories considérées comme « universelles » sont remises
en question : le lien obligatoire entre la sexualité et
l'amour, la séparation entre l'intime et l'extime,

la distinction entre le Je et l'autre, voire l'assigna-
tion à identité masculine ou féminine. Dans un lieu
« neutre », ni le domicile ni l'espace public, des per-
sonnes se rencontrent, sans connaître d'elles autre
chose que leur désir du moment. Des jeux se mettent
en place, dans lesquels chacun peut exprimer sa part
féminine ou sa part masculine, sans devoir avouer
« qui il est vraiment ». Le libertinage qui se donne
à lire pour part dans ces fragments participe aussi
de la remise en question de ce que Michel Foucault
souvent cité appelait la « volonté de savoir ».

Michel Maffesoli
Professeur émérite à la Sorbonne
Membre de l'Institut universitaire de France

Avant-propos

Il n'est pas possible d'établir le pourcentage, même approximatif, d'acteurs du libertinage au sein de nos sociétés. Tout au plus peut-on calculer le total des abonnés aux sites de rencontres (avec le biais des multi-adhésions, et l'impossibilité de déterminer combien de rencontres sont effectivement générées), ou indiquer le nombre de clubs ou de saunas dédiés aux plaisirs charnels et leur moyenne de fréquentation. Mais ces chiffres ne diraient au fond pas grand-chose. Et resterait par exemple à déterminer si l'on peut qualifier le voyeurisme — activité prépondérante, et même exclusive chez une majorité de «participants» —, comme un acte libertin, ou même d'ailleurs comme un acte sexuel.

Les présents fragments, que l'on pourra appréhender comme une contribution aux *sexual studies*, visent moins à établir un catalogue exhaustif des possibles de la performance libertine qu'à apporter quelques éléments de réflexion sur ce qui s'y joue sur les plans relationnel et émotionnel. Ils envisagent l'objectivité des corps qui circulent, se cherchent, se lient, jouissent de concert, mais aussi les enjeux du cérébral, tels notamment qu'ils se manifestent dans les jeux de scénarisation, là où les répertoires d'actions de chacun s'harmonisent sur des plans qui ne sont pas que sensoriels[1].

Ils tendent vers un double objectif de compréhension socioanthropologique du monde libertin et d'éclairage des strates psychosexuelles plus ésotériques sur lesquelles s'établissent les formes d'engagement des acteurs. Ils interrogent une réalité formalisable en de nombreux de ses aspects et tentent d'approcher ce qui se dit à travers elle de l'humaine capacité à acter le désir sexuel comme forme créative.

Ils illustrent, avec leurs limites propres, l'ouverture épistémologique que requiert un objet comme celui-ci, à la frontière du pulsionnel, du culturel et de l'individuel.

On n'y trouvera pas par conséquent de données quantitatives rigoureusement établies au regard de ce qu'exigerait une authentique enquête sociolo-

---

1. J'utiliserai ici les notions de répertoires d'actions, de scénario, de mise en scène, distinctes de celle de script qui est rattachée à la théorie de John Gagnon et William Simon, à laquelle on peut faire le reproche de porter sur les déterminants culturels des comportements sexuels du sujet en considérant qu'ils sont la matière première, que le désir de l'individu est complètement façonné par eux. Voir Maks Banens, « Gagnon et Simon et la théorie des scripts sexuels », *Canal Psy,* n° 92, 2010, p. 11-13.

gique[2]. Il s'agit plus modestement ici d'appréhender l'érotique libertine dans sa concrétude, au plus près de ce qu'il est possible d'approcher, et d'esquisser un panorama des catégories fondamentales sur le plan des modes de socialité et des types de performance. Mais il s'agit aussi de l'envisager dans ce qu'elle possède de plus singulier pour chacun de ses acteurs, au niveau psycho-identitaire, et dans ce qui se présentéise anthropologiquement lorsque se joue cette confrontation de l'intime et du nombre qui en est le principe même.

La réflexion exposée dans ces fragments recourt à un certain nombre de repères théoriques empruntés à la psychanalyse. Cette discipline est sans doute la plus à même de guider la réflexion sur les liens de la pulsion et de l'esprit, à condition toutefois de ne pas l'installer dans une position absolutiste, de demeurer curieux des expressions tangibles des fantaisies érotiques, et d'admettre que celles-ci, et les subcultures autour desquelles elles peuvent s'organiser comme espaces communautaires, possèdent leur part d'autonomie par rapport à la seule dimension psychologique. Les cas cliniques à partir desquels la psychanalyse construit ses propositions théoriques sont souvent réduits à leur seule dimension subjective. Or, précisément,

---

2. Notre matériau vient de l'examen des annonces sur des sites de rencontres se réclamant du libertinage ou de l'échangisme ainsi que d'entretiens avec des acteurs de ce milieu, organisateurs de soirées, ou consacrant à la pratique libertine une disponibilité relativement importante, et photographes habitués à documenter les performances libertines.

les réalités psychosexuelles, « normales » ou « per-verses », ne peuvent être coupées des ensembles socioculturels plus vastes dans lesquels le sujet évolue, et de la diversité des modèles qui désormais s'offrent à lui.

Nous rejoignons complètement le point de vue exprimé par Gayle Rubin lorsqu'elle rejette cet « essentialisme sexuel » qui fait apparaître le sexe comme « éternel, immuable, asocial et anhis-torique », et qu'elle recommande en conséquence d'adopter une approche plus centrée sur la dimen-sion culturelle de toutes les identités sexuelles, y compris les plus éloignées du *mainstream*, les plus hérétiques. Celles-ci ne doivent plus être appréhen-dées comme « des entités cliniques ou des catégories de la psychologie individuelle » mais comme des « groupes sociaux » traversés par de nombreuses logiques évolutives[3]. C'est dans ce même espace épistémologique de type socioanthropologique que s'inscrit la suggestion de Léo Bersani d'ana-lyser l'homophobie au niveau des angoisses et des désirs qui la sous-tendent[4]. En d'autres termes, tout

3. Gayle Rubin et Judith Butler, *Marché au sexe*, Paris, EPEL, 2002, p. 79, 56. Le refus de toute forme d'enracinement essentialiste de l'identité, la perception de celle-ci comme une « opération per-formative », appartiennent au corpus théorique et épistémologique de la *queer theory* et des *gender studies*. Dans *La part obscure de nous-mêmes*, Élisabeth Roudinesco valide la critique faite par ces courants à la psychanalyse en reconnaissant que celle-ci « a négligé la question historique, politique, culturelle et anthropologique de la perversion » (*La part obscure de nous-mêmes. Une histoire des pervers*, Paris, Albin Michel, 2007, p. 227).

4. Leo Bersani, « Freud/Foucault. Allers-retours », *Vacarme*, n° 29, 2004/4, p. 106-109.

l'enjeu est de saisir la dynamique des différents réseaux de sens à travers lesquels le désir de chacun s'élabore, et en particulier lorsqu'à la répétitivité de l'«acte» est préféré le cycle de métamorphoses de la «performance».

Le libertinage se rapproche indéniablement du modèle de la communauté, avec sa géographie (empirique et virtuelle), sa sociologie, ses codes, ses cloisonnements internes, ses influences esthétiques[5]. Et c'est aux *cultural studies*, mais aussi à une investigation microsociologique dans la lignée de l'école de Chicago, qu'il faudrait recourir pour explorer les différents niveaux et territoires d'exercice de cette sociabilité.

Le libertinage n'est pas circonscrit à un groupe social uniforme, classe d'âge, catégorie socioprofessionnelle, famille philosophique... Il ne forme pas davantage un isolat culturel, un domaine de l'activité eudémoniste dont les ressorts et les formes seraient suffisamment unitaires pour être identifiés de manière aisée. Dans la diversité même de

---

5. Le monde libertin diffère des «communautés sexuelles» dont traite Gayle Rubin : sa structuration, ses autoreprésentations n'appartiennent pas complètement aux mêmes registres. En particulier, les discours qu'il tient sur lui-même n'ont aucune prétention en termes de politique du sexe ou du genre. Pourtant, il est tout imprégné des pratiques hors normes propres à chacune de ces communautés. Mais précisément, il est dans une logique du brassage et du ludique pur, en dehors de toute forme d'expression militante. Les formes de désordre qu'il organise ne sont véritablement liées à aucun questionnement politique de la sexualité, au sens de la *queer theory* notamment, et procèdent davantage d'une morale hédoniste inspirée des libertins du Grand Siècle, d'un *Carpe diem* tout de légèreté et d'insouciance.

ses manifestations, le libertinage illustre pleinement cette réalité de la sexualité qu'énonce Jean-François Bayart : « le sexe démontre au quotidien que nos sociétés sont multidimensionnelles[6] ». Le « plan » libertin — *a fortiori* dans ses formes les plus actuelles, moins conditionnées par les standards conventionnels du milieu — révèle la variété des situations et des rôles que l'individu peut souhaiter expérimenter dans une vision dynamique, vitaliste, de sa sexualité.

Cette communauté invite à une exploration pluridisciplinaire, attentive aux discours endotiques, où serait également convoquée une méthodologie plus proche de la sociologie compréhensive wébérienne. Quant à ces moments, clandestins et transitoires, où le libertinage se réalise comme performance sexuelle, leur compréhension suppose de ne pas négliger les dynamiques psychorelationnelles qu'y configure la logique du pluri-partenariat.

Mais tout autant cet univers de sens et d'action réclame une mise en perspective sans doute moins circonstanciée, plus spéculative, curieuse à la fois des soubassements de la psyché humaine et — dans une perspective héritée de celle du Collège de sociologie — des horizons de nature « spirituelle ».

---

6. Jean-François Bayart, *Le plan cul. Ethnologie d'une pratique sexuelle*, Paris, Fayard, 2014, p. 20. L'auteur développe dans ce livre une réflexion épistémologique profondément actuelle autour de l'aveuglement auquel peut parfois conduire la logique sociologique des grands concepts : à travers la notion de « plan », il s'agit d'appréhender les manières dont peuvent s'articuler chez un même individu le conformisme et la dissidence.

Les pages qui suivent s'intéressent également à ses discours, à ses imaginaires, à ses rapports avec la création, ainsi qu'avec la perversion et la transgression. Là, elles s'efforcent de repérer ce qui dans l'engagement libertin relève de la tentative du sujet pour triompher de la béance dans laquelle loge l'acte sexuel, pour en conjurer la destinée prométhéenne. Car — et c'est bien ce qui vient justifier la complicité universelle qu'il entretient avec la nuit, réceptacle de ce qui ne peut que demeurer secret, inconnu[7] — le sexe est toujours frappé au coin de ce fait incontestable que nous sommes toutes et tous les produits d'une union charnelle dont nous n'avons pu être témoins. Il est toujours déterminé pour chacun d'entre nous par cet inconnaissable d'une « scène qui a existé et qui ne sera jamais visible », et que Pascal Quignard nomme « nuit sexuelle ».

Cette scène à jamais invisible de notre conception est le mystère le plus absolu, bien plus profond que celui de la différence sexuelle[8]. Elle est, ainsi que l'écrit encore Quignard dans un autre ouvrage, ce qui impose le manque à la sexualité humaine et ce faisant la conduit à être objet d'imaginaire : « L'homme est un regard désirant qui cherche une

---

7. On retiendra, avec Michel Bozon, que le temps du nocturne auquel est universellement assignée la pratique sexuelle est aussi celui de l'« interruption temporaire des relations sociales et de la sociabilité, [de la] levée partielle des règles sociales diurnes » (« Les significations des actes sexuels », *Actes de la recherche en sciences sociales*, n° 128, juin 1999, p. 4).

8. Pascal Quignard, *La nuit sexuelle*, Paris, Flammarion, 2007, p. 23.

autre image derrière ce qu'il voit[9]. » De cette originaire absence à nous-mêmes et du régime nocturne
du sexe qui vient en quelque sorte en sanctuariser
le secret dans la mélancolie, le libertinage propose
de faire œuvre de sens : de convertir l'élégiaque en
dionysiaque, l'inconnu en révélation.

Faire l'amour, comme nous le rappelle Georges
Bataille, est frappé d'interdit ; le secret est le sort
réservé à cette activité. Et même lorsque celle-ci
peut être avouée, revendiquée même, comme dans
nos sociétés libérales, c'est dans un langage nor-
malisé, où le sexe continue souvent encore pour
beaucoup à ne pouvoir être dit qu'en étant rapporté
aux catégories « bienséantes » de l'affectif ou du
psychologique.

Alors, écoutons encore Bataille lorsqu'il insiste
sur la valeur positive de cet état de secret auquel est
consigné l'acte sexuel ; état dans lequel ce qui est
interdit est éclairé « d'une lueur à la fois sinistre et
divine […], en un mot, d'une lueur religieuse[10] ».

---

9. Pascal Quignard, *Le sexe et l'effroi*, Paris, Gallimard, 1994,
p. 9.

10. Georges Bataille, *Les larmes d'Eros*, Paris, UGE, « 10/18 »,
1978, p. 91.

Chapitre 1
Nous autres, libertins

L'érotisme est dans l'ensemble une activité organisée, c'est dans la mesure où il est organisé qu'il change à travers le temps.

Georges Bataille, *L'érotisme*

L'érotisme est ce qui permet à l'activité sexuelle humaine d'exister au-delà de la pulsion, à ce niveau où elle se donne à être pensée par les hommes (à moins que ceux-ci ne soient pensés dans l'érotisme, à leur insu…, pour reprendre la formule de Claude Lévi-Strauss à propos des mythes) d'une manière que l'on dira créative. Les peintures ithyphalliques de nos ancêtres d'avant le verbe inaugurent cette quête du sublime qui anime la sexualité humaine.

Mais la pulsion, il s'agit avant tout de la domestiquer, d'en définir les aspects licites ou obscènes. D'en traquer les produits psychiques au plus profond des consciences et de les faire vivre dans le registre mortifère de la culpabilité, ou de les soumettre aux règles du savoir positiviste et au partage entre le sain et le pathologique.

L'anthropologie nous l'apprend : la société ne peut s'édifier qu'à condition qu'un tribut soit payé par la sexualité, et que cette part soustraite, loin de passer par pertes et profits, soit convertie comme mythe, c'est-à-dire comme fondement symbolique de l'ordre social. Maurice Godelier le formule ainsi : « Ça n'est pas seulement la sexualité et le désir qui se disent dans les rapports entre les individus et dans la société, c'est la société qui fantasme dans la sexualité[1]. »

Selon les époques et les lieux, les sociétés organisent de manières différentes le rapport de la réglementation du plaisir et de la création érotique, toute cette tension anthropologique de l'ordre et du désordre dont la sexualité est bien le révélateur absolu[2]. Elles fondent des modes de régulation variés des enjeux « sociétaux », c'est-à-dire moraux, juridiques, aussi bien que cosmogoniques, dont peut être investi l'exercice de la chair. Alain Walter montre ainsi les processus longs au travers desquels les différentes règles régissant le désir dans le Japon classique ont été intégrées, autour de l'opposition

---

1. Maurice Godelier, *Au fondement des sociétés humaines. Ce que l'anthropologie nous apprend*, Paris, Albin Michel, « Bibliothèque Idées », 2007, p. 170.

2. Georges Balandier, « Le sexuel et le social. Lecture anthropologique », *Cahiers internationaux de sociologie*, vol. 76, janvier-juin 1984, p. 5-19.

entre beauté naturelle et beauté culturalisée, dans le tiraillement entre sentiment et devoir féodal[3]...

Dans les efforts produits par chaque société pour la codifier, entre interdits et prescriptions, la sexualité humaine révèle que, de ce qui les rattache de la manière la plus évidente à l'ordre de la Nature, les hommes ont fait une énigme féconde. L'érotique d'un temps et d'une culture donnés est toujours traversée de contradictions qui révèlent que dissimulation et exposition, puritanisme et luxure, forment les deux versants de ce mystère du sexe. Les formes, sphères d'influence, degrés, du secret de l'érotisme sont historiquement variables, et toujours confrontées à des forces qui en subvertissent les commandements intimes.

L'érotique est un « fait social total » qui engage au plus profond les mentalités et qui de ce fait contribue amplement à l'identification d'une époque[4]. Elle est l'expression sociétale de ce qui

---

3. Alain Walter, *Érotique du Japon classique*, Paris, Gallimard, « Bibliothèque des idées », 1994.

4. On appréhendera ici la notion maussienne de « fait social total » dans la perspective explicitée par Olivier Schwartz, c'est-à-dire comme souci accordé aux connexions et aux effets de *go-between* à l'œuvre entre le structurel et le situationnel, et comme ouverture sur une démarche compréhensive wébérienne (Nels Anderson, *Le hobo. Sociologie du sans-abri*, présentation et postface de Olivier Schwartz, Paris, Nathan, « Essais et recherches », 1993). Cette interprétation d'une notion longtemps monopolisée par les sociologies de type holiste, structuraliste, me semble éminemment pertinente dans un contexte où le « fait culturel », et plus largement l'ensemble des pratiques eudémonistes, sont animés par des logiques postmodernes de dépassement des liens traditionnels entre classe sociale et mode de vie, de tiraillements

se joue dans l'acte sexuel compris comme cet acte par lequel, écrit Claude Gaignebet, « tous les "paliers en profondeur" de la réalité sociale se trouvent impliqués[5] ». Ses contours sont fonction des formes de diffusion de la connaissance et de l'art, du mode d'organisation entre le savant et le populaire, du niveau de hiérarchisation sociale, et de toute autre caractéristique sociologique du même ordre.

Mais l'érotique ne se résout jamais au *mainstream*, à l'institutionnalisé. Elle devient un concept opératoire dès lors notamment qu'autour de telle ou telle pratique sexuelle et de ses représentations opèrent des processus de socialisation concrets, que se constitue une éthique groupale, aussi fugitive soit-elle. Car ce qui la qualifie dans toute sa complexité anthropologique, ce sont aussi ses marges, ce qu'on appellera des érotiques « mineures », plus ou moins réellement dissidentes : cultes orgiaques de l'Antiquité, traditions paillardes et esprit rabelaisien, cercles libertins du dix-huitième siècle,

---

permanents entre processus d'homogénéisation et d'hyperdifférenciation, de multiplicité des niveaux et formes de création, mais aussi de jeu médiatique autour de la transgression. Un contexte où surtout aucune microculture ne forme un isolat complet, et où par conséquent le genre de la monographie et les règles de l'enquête microsociologique doivent être en mesure d'échapper aux illusions métonymiques que peut produire l'observation de terrain lorsqu'elle procède d'un empirisme en quelque sorte trop terre-à-terre (p. 283).

5. Claude Gaignebet, « Y a-t-il un acte sexuel pour l'anthropologie ? », dans Jean Poirier (dir.), *Histoire des mœurs*, t. II, *Modes et modèles*, Paris, Gallimard, « Encyclopédie de la Pléiade », 1991, p. 881.

clubs sadomasochistes, fêtes *fetish* et sites dédiés à l'échangisme aujourd'hui…

Pendant de longs siècles, l'érotique occidentale s'est constituée, dans sa forme majeure, en relation aux exigences mortificatoires du christianisme et à son idéal de chasteté[6]. Mais, à mesure que d'autres regards que celui des théoriciens de l'Église ont envisagé le désir sexuel, l'ascétisme et la culpabilité ont cessé d'être les seuls horizons possibles de la sexualité.

Périodiciser le moment où commence à se soulever le voile sombre dont le Moyen Âge chrétien avait entrepris de recouvrir le désir et le plaisir charnels ne peut se faire avec exactitude. Ce travail supposerait de se départir de toute rigidité historiciste pour se plonger en des lieux et en des temps disparates et y repérer les instruments, les méthodes, les questionnements, les savoirs au travers desquels s'est organisé l'accès du sexuel à sa modernité. Dans une perspective nietzschéo-foucaldienne, il faut considérer en effet que rien de ce qui pourtant peut permettre de distinguer de manière significative les époques entre elles n'a de fondation unique. Les origines se confondent, se concurrencent, s'affrontent ou encore s'ignorent, dans la confusion de vérités toujours multiples, de glissements subtils en événements plus tonitruants. À défaut de mener ici ce travail archéologique, quelques grands repères peuvent être sommairement établis pour l'époque moderne.

---

6. Voir Aline Rousselle, *Porneia. De la maîtrise du corps à la privation sensorielle, IIe et IVe siècles de l'ère chrétienne*, Paris, PUF, « Les chemins de l'histoire », 1983.

C'est, tout d'abord, aux premières lueurs de l'*Aufklärung*, le libertinage et sa réhabilitation de la chair sous l'empire du plaisant, du léger, mais aussi de l'intrigue, chez Choderlos de Laclos notamment. Ce libertinage-là ne fut qu'un éclat, sans véritable audience immédiate, mais un éclat que l'on se doit de comprendre comme issu d'un matériau neuf de la pensée du corps et du vivant, qu'incarnera notamment avec une terrible audace Julien Offray de La Mettrie. C'est aussi le « moment sadien », qui à son tour ne s'imposera dans sa monumentalité que plus d'un siècle plus tard, et tout particuliè-rement chez les surréalistes, avant de devenir une référence (au contenu parfois assez superficiel, désubstantialisé...) fort prisée de nos jours dans les cercles libertins[7].

C'est, au dix-neuvième siècle, un mouvement de conversion de la logique chrétienne du renon-cement à la volonté objectivante de cette *scientia sexualis* que Michel Foucault a justement ana-lysée comme figure renouvelée d'une entreprise très ancienne : celle de « dire la vérité du sexe[8] ». L'étiquetage étiologique se substitue à la condamna-tion du péché ; la guérison à la rédemption. Mais si le vice s'observe désormais au prisme d'un paradigme laïcisé, il n'est pas davantage socialement toléré. La civilisation issue de la révolution industrielle se caractérise par un rigorisme extrême, une obses-

---

7. Voir Annie Le Brun, *Soudain un bloc d'abîme, Sade*, Paris, Gallimard, « Tel », 2010.

8. Michel Foucault, *Histoire de la sexualité*, t. I, *La volonté de savoir*, Paris, Gallimard, « Tel », 1994.

sion du dressage des corps, auparavant théorisée autour de l'onanisme par le docteur Samuel Tissot. Cependant, le bourgeois, qui est l'incarnation et l'agent de cette mentalité, aspire au fond de lui à des formes d'hédonisme surnuméraires. Comme le note Alain Corbin, le puritanisme victorien est miné de l'intérieur, par l'adultère notamment, qui vient alors comme défoulement de passions masculines exclues du champ matrimonial, mais aussi comme élément d'une « stratégie d'accumulation des valeurs symboliques » calquée sur le modèle aristocratique[9].

Puis se développa, à partir du dernier tiers du vingtième siècle, une forme inédite de productivisme du plaisir, suggérée par les injonctions des médias à « oser », à explorer de nouvelles voies de l'érogène, à deux, à plusieurs, avec des accessoires et des mises en scène, et à expérimenter de nouvelles cartes du Tendre, avec par exemple le poly-amour, les *sex-friends*... La monstration banalisée du sexe, de performances toujours plus sportives et expertes, les « décryptages » journalistiques de nos fantasmes et les conseils sexologiques, tout cela indique peut-être une liberté sexuelle prise dans les rêts d'une idéologie du désir plus soucieuse de marketing que d'émancipation du sujet, dont la tâche est de véhiculer une sorte d'érotomanie généralisée. À travers tout un nouveau vocabulaire, diffusé jusque dans les médias d'information généralistes, lorsqu'ils se

9. Alain Corbin, « La fascination de l'adultère », dans *Amour et sexualité en Occident*, Paris, Seuil, « Point histoire », 1991, p. 134-135.

penchent sur les « faits de société », le sexe proclame son omniprésence dans tous les recoins de la vie. *Sextape, sexto, sextoys, sex-addict…* : le sexe apparaît désormais comme une réalité qui infiltre toutes les réalités. Il semble constituer en tout cas une préoccupation importante si l'on en juge par le nombre de sites de rencontres qui, en dehors de l'univers échangiste et libertin, se concurrencent désormais, proposant pour certains des applications de géo-localisation des partenaires potentiels[10]…

À défaut de discuter ici de la validité de la notion de « libération sexuelle » revendiquée par le monde occidental depuis près de cinquante ans maintenant, on prendra acte tout d'abord d'une normalisation de conduites qui, il y a encore quelques décennies, étaient condamnées par la morale commune, vues avec dégoût : rapports bucco-génitaux, relations homosexuelles, et dans une mesure différente investissement dans les jeux de séduction et les préliminaires, dans la « fantaisie ». On prendra acte également d'un phénomène plus récent de banalisation, et corrélativement de perte de vigueur de sa stigmatisation, du « plan cul » ; lequel désormais se pratique, et s'assume, à tout âge, et notamment dans les cas de retour tardif au célibat, après une longue période de vie conjugale.

---

10. Ces sites commerciaux ont aussi à subir la concurrence des groupes « sauvages » créés sur des réseaux sociaux généralistes, comme Facebook, dans ce même but de faire des rencontres sexuelles « sans prise de tête ».

Le modèle de la *fin'amor*, et avec lui la norme morale de l'adéquation entre le sentiment amoureux et le désir sexuel, s'est délité au profit d'une revendication du droit à des formes de plaisir libres de tout alibi amoureux, ou du moins de toute perspective de vie commune, ne possédant d'autres justifications qu'elles-mêmes et les satisfactions qu'elles procurent au sujet. La liberté sexuelle, se manifestant dans le droit moral au papillonnage dénué de sentiments, ou du moins de volonté d'engagement, à l'accès à un hédonisme juvénile sans âge, cesse progressivement d'être moins bien tolérée chez les femmes que chez les hommes. Le plaisir « gratuit » cesse de n'être admis que dans la mesure où il constituerait forcément un privilège masculin.

Les mots eux-mêmes ont changé : « faire l'amour » (incantation à une matérialisation de ce qui est de l'ordre du sentiment intérieur), « baiser » (ou ses variantes encore plus surannées, mais au combien savoureuses, comme « faire la bête à deux dos »), laissent la place à une appellation clinique totalement neutre sur le plan sentimental et sans relief : « faire du sexe ». Les sentiments, à leur tour, font l'objet d'expressions verbales renouvelées, en France en tout cas. Être amoureux se dit désormais d'une manière qui me semble introduire une certaine distanciation avec ce qui est énoncé : « être in love ». La conception même de l'amour se modifie : celui-ci n'est plus proclamé comme unique et inextinguible, le poly-amour apparaissant dans les débats sociétaux comme une alternative à l'adultère par l'affirmation de fidélités multiples.

Un modèle « subjectif » du couple s'est constitué, pour lequel l'échange sexuel est devenu le « moteur interne de la conjugalité », le « langage de base de la relation[11] ».

C'est aussi bien entendu le droit et ses évolutions qui ont contribué à façonner les nouveaux territoires mentaux du sexe et de l'amour. C'est, en France, la dépénalisation de l'homosexualité en 1981, l'inscription dans la loi du viol conjugal en 1992, le mariage ouvert à tous en 2012, ou encore l'abandon progressif par les tribunaux de la notion de crime passionnel, dont les véritables ressorts ont plus à voir avec la possessivité qu'avec l'amour (cette compréhension étant plus évidente encore dans un contexte sociétal où se développe une vision de la relation sentimentale ouverte sur le partage et l'indépendance).

Sans aucun doute les possibilités de liberté sexuelle sont aujourd'hui plus nombreuses, et moralement mieux tolérées depuis ces dernières décennies. Mais ce qui rend le sexe plus « facile » pourrait être vu comme ce qui corrompt l'érotisme. C'est le point de vue de Byung-Chul Han. Selon cet auteur, l'érotisme meurt de l'abolition de la négativité, de cet état — en un sens, sacré — où « les choses sont précisément animées par leur contraire[12] ». En cause, plus précisément, l'abolition de la distance induite par les réseaux sociaux, la

---

11. Michel Bozon, *Sociologie de la sexualité*, Paris, Nathan Université, 2002, p. 36.

12. Byung-Chul Han, *Le désir. Ou l'enfer de l'identique*, Paris, Autrement, « Les grands mots », 2015, p. 35.

proximité radicalement illusoire qu'ils instruisent, et qui n'est qu'abolition de la distance consubstantielle à toute proximité véritable ; la pornographie, qui « profanise l'éros » ; toute cette « société de la transparence » qui, au fantasme indéfini, substitue le « régime de la high definition informationnelle[13] ».

L'érotique occidentale est aujourd'hui inscrite dans un processus d'hypervisibilité et de réflexivité au rythme vertigineux. Cette dynamique contribue à une réinvention inédite des formes de sensualité et à une ouverture à ces dimensions plus cérébrales de la mise en scène, du jeu, de l'illusion dont le succès actuel pose peut-être aussi l'hypothèse d'un corps qui, à n'être plus frappé d'interdit, se suffirait moindrement à lui-même dans l'accès à l'extase. Plus profondément, elle encourage les effets de miroir sociologique que — figure radicale et surtout complète de l'*hybris* qui pourrait prétendre au statut d'« énigme résolue de l'érotique postmoderne » — le monde du libertinage est le plus à même de produire.

Ce monde, où le jeu du corps s'exerce entre gain esthésiologique et dépassement dans les différentes manifestations de la cérébralité, fait tout d'abord écho à une corporéité en mutation qui n'est pas sans donner parfois le sentiment du proche avènement de la « nouvelle chair » prophétisée par

---

13. *Ibid.*, p. 71.

David Cronenberg. Certains de ses aspects, tant au niveau des pratiques et des accessoires qu'à celui des représentations plus symboliques, invitent en effet à le comprendre dans la perspective d'une fantasmatique métamorphique inscrite au cœur du moderne depuis deux siècles comme réaction de l'imaginaire au « désenchantement du monde ».

L'hypersensualité attendue de certains types de performance libertine pourrait sans doute s'analyser comme un avatar d'une logique du corps extrême aujourd'hui largement médiatisée, dans les films, séries télévisées et images publicitaires, sur fond de banalisation des modifications corporelles. Les fantasmes et les performances de nature libertine procèdent peut-être, en même temps qu'ils la résolvent symboliquement, de l'anxiété provoquée par une corporéité de plus en plus habitée par le sentiment de sa propre obsolescence, dont tout un pan de la création contemporaine explore les formes fécalisées, ou les métamorphoses, dans la perspective du *body-hacking*.

En un temps où chacun vit avec la conscience d'une possible association du vivant avec l'ultra-technologique, la généralisation de l'usage des *sextoys* dit quelque chose d'une nouvelle représentation du plaisir où les liens de l'organique et de l'inorganique se réorganisent. Ces modernes *olisbos* ne sont pas uniquement des substituts de pénis : certains, au design futuriste, sont de véritables robots multifonctions qui, à leur échelle, préfigurent une sexualité sans autre, une sexualité de la confusion du désir entre l'homme et la machine du type de celle que fantasment les imaginaires science-fictionnels[14].

Le monde libertin réfléchit également un état de la psyché contemporaine où celle-ci doit s'élaborer dans un contexte culturel traversé par l'antagonisme de la standardisation et de l'hyperdifférenciation, ainsi que par une transformation radicale des formes de socialité. Le destin postmoderne de l'identité est lié aux nouveaux agencements du public et de l'intime : aux logiques exhibitionnistes et à celles des identités multiples du « moi 2.0 ». Avec les réseaux sociaux numériques, le pseudonyme permet au sujet de laisser libre cours à ses identités fantasmatiques, et ainsi de donner à la part eudémonique de lui-même la possibilité du défoulement, en lieu et place du refoulement. Outre qu'elle libère le « je est un autre », la socialité virtuelle forge de nouveaux ordonnancements du relationnel, où les frontières entre l'inconnu et le familier se brouillent, et où la mise en fiction de soi devient une expérience « réelle », en dépit de

---

14. La fantasmatique de l'amour homme-machine apparaît dès le dix-neuvième siècle dans des littératures de genre, à travers la figure hoffmannienne de l'automate séducteur avant d'être partagée par certaines avant-gardes artistiques, avec Marcel Duchamp ou avec le futurisme. De nos jours, les avancées de la cybernétique transforment cette fantasmatique en une prophétie de plus en plus crédible, portée notamment par les théoriciens du posthumanisme, comme Donna Haraway, mais aussi par des philosophes proches des *gender studies* ou de la *queer theory*, pour lesquels les nouvelles technologies et leurs applications dans le domaine du cybersexe représentent une possibilité inédite de dépassement de la notion même d'identité sexuelle par le brouillage du naturel et de l'artificiel.

l'immatérialité de la situation. La relation libertine, qui débute d'ailleurs dans la grande majorité des cas dans le virtuel, engage ces logiques de l'« extime » d'une façon exemplaire. Elle implique — *a fortiori* lorsque joue la composante pluri-partenariale ou qu'interviennent des scénarios — des jeux d'identité dont les niveaux de complexité contribuent à satisfaire la recherche de vertige sensuel et émotionnel des acteurs.

Le libertinage contemporain reflète, enfin, un renouvellement pleinement postmoderne des manifestations de l'*Eros* où, au fond, le sexuel se dépasse lui-même comme résistance sensuelle à la loi de l'Un, à l'univoque de la norme, aux délimitations rigides du sain et du dément, du Bien et du Mal. Insoumission qui, nous y reviendrons, est au principe de la perversion sexuelle, où règnent ambivalence et illusion. Agrégateur d'affinités volatiles, de collectifs éphémères, le libertinage participe, à la manière d'un concentré, de cette socialité postmoderne que Michel Maffesoli rapporte à l'*ordo amoris* : forme paradigmatique du nomadisme, de la recherche des communions affectives inscrites dans l'instant et dans l'intensité, des « enracinements dynamiques », et d'une perception panthéiste de soi et de son propre rapport à la vie[15].

L'acte sexuel est pourvoyeur de gains de différentes natures. Il apporte tout d'abord une gratification narcissique, en démontrant la capacité

---

15. Michel Maffesoli, *Du nomadisme. Vagabondages initiatiques*, Paris, LGF, « Le livre de poche », 1997.

du sujet à susciter le désir érotique de l'autre, par son physique ou par d'autres dimensions de la séduction. Dans le cadre d'une relation fondée sur des sentiments amoureux (quelles qu'en soient l'intensité et la forme), il vient porter témoignage de ces sentiments dans un corps-à-corps dont le désir physique n'est plus le seul moteur et dont l'issue, en l'occurrence le plaisir, est consolidée pour chacun des partenaires par cet état amoureux.

Dans le libertinage, l'acte sexuel devient en quelque sorte plus grand que lui-même. Les configurations mélangistes, qui forment l'expression la plus caractéristique de cet univers, permettent par la multiplication des points de contact érotique de nouvelles sensations kinesthésiques que la dyade ne peut anatomiquement pas satisfaire. Mais surtout, cette possibilité (associée le cas échéant à celle d'explorer d'autres formes non conventionnelles du traitement sexuel de la chair, BDSM ou impliquant l'usage d'instruments) ouvre sur une autre forme de satisfaction, plus « cérébrale », plus en lien avec l'énigmatique domaine de la « jouissance ».

Et s'il fallait s'essayer à une définition formelle autant que générale de l'esprit libertin, on pourrait dire que celui-ci ne peut s'exprimer véritablement que lorsque le sujet trouve dans les situations relationnelles et les performances physiques dont il est acteur la possibilité d'y agréger différentes formes d'affects et d'imaginaires, plus ou moins labyrinthiques.

Le libertinage, dont il ne faut pas oublier qu'il agit aussi en effet comme un conservatoire des hérésies sexuelles, de ce que Gayle Rubin appelle le « mauvais acte sexuel », avec son lot de sadomasochisme, d'exhibitionnisme, de relations transgénérationnelles, de subversion du genre, etc.[16], fait désormais l'objet d'une popularité médiatique forte. Mais comme tout ce qui est connu sans l'être, comme toutes les impressions de surface véhiculées par la vacuité de l'air du temps, ce terme est largement galvaudé. Il est utilisé de manière trop schématique pour en restituer ce qu'il peut représenter comme expérience singulière pour chacun de celles et de ceux qui choisissent d'intégrer (de manière plus ou moins active, parfois uniquement virtuelle) cette communauté, ou plus exactement cette « exoplanète sociale » pour reprendre le terme par lequel Michel Maffesoli désigne ces afoulements où l'officieux parvient à exsuder, à s'exhausser lui-même dans un vitalisme collectif[17].

En ce temps où l'individu possède une conscience de lui-même bien plus aiguë (mais pas nécessairement plus lucide) qu'aux époques où le principe holiste s'exprimait avec davantage de vigueur et de netteté, la transgression érotique exige d'être problématisée dans ce que ses acteurs ont à dire du sens intime qui sous-tend leur engagement dans ce champ.

---

16. Gayle Rubin et Judith Butler, *Marché au sexe*, Paris, EPEL, 2002, p. 86.

17. Michel Maffesoli, *Homo eroticus. Des communions émotionnelles*, Paris, CNRS, « Biblis », 2015.

Chapitre 2
La socialité libertine :
tropiques de la pluralité

Le monde libertin n'est pas le lieu d'une théorisation critique des hiérarchisations normatives entre genres, fantasmes et pratiques, même si celles-ci peuvent y être transgressées. La performance libertine ne se conçoit pas comme une « alternative » politique ; elle ne s'inscrit aucunement dans le cadre d'un militantisme de type *queer*, d'un projet « contra-sexuel » de subversion générale[1]. Du reste, ce monde social demeure organisé par des figures « socio-sexuelles » dominantes. Ainsi apparaît-il nettement qu'il est très majoritairement composé d'hommes hétérosexuels, que l'attirance pour le même sexe est plus valorisée lorsqu'elle concerne des femmes, et que globalement

---

1. Voir B. Preciado, *Manifeste contra-sexuel*, Vauvert, Au Diable Vauvert, 2011.

l'homosexualité proprement dite n'y possède que peu d'espace[2].

L'élaboration d'un idéal-type du monde libertin peut s'étayer sur un certain nombre d'observations sociologiques permettant de distinguer entre réalité et représentations, et de repérer les situations où les valeurs et principes libertins sont détournés, corrompus, par des démarches utilitaristes et opportunistes.

Il apparaît tout d'abord de manière assez évidente que les sites de rencontres libertines sont utilisés par un nombre importants de solitaires — célibataires ou adultères —, dans la perspective d'obtenir plus facilement peut-être (en étant directement dans le « vif du sujet », et sous la protection du virtuel) des « plans-cul » relevant du modèle conventionnel de la paire, sans fantaisie particulière (cette notion étant très contingente, sur les plans historique et socioculturel). En colonisant de la sorte le libertinage, ce champ du papillonnage aux formes *straight* et dyadique encourage la confusion des registres et participe à une dénaturation de la singularité profonde des sites de rencontres libertines[3].

---

2. Une socialité homosexuelle parfaitement autonome existe en dehors du monde libertin, structurée depuis ces temps de la modernité naissante où les « invertis » étaient des criminels, autour de réseaux relationnels qui revendiquent spécifiquement cette identité, élaborent leurs propres codes et sensibilités esthétiques, et défendent des revendications spécifiques.

3. On peut faire l'hypothèse que — en relation à la banalisation croissante d'imageries et de thèmes érotiques repoussant les limites du *mainstream*, et aux nouvelles représentations de

Chez les hommes qui n'usent du réseau d'annonces libertines que dans l'espoir d'accéder facilement au *produit* féminin, différentes stratégies sont à l'œuvre pour satisfaire un désir dont la nature renvoie avant tout à une logique du chiffre, dégagée de tout véritable sentiment d'appartenance à un univers de significations partagées. Certains — dont on peut douter qu'ils parviennent souvent à leurs fins — créent de fausses fiches de couple, en précisant que «Monsieur rencontre seul» : ils se servent d'une femme fictive comme appât… D'autres ont pour stratégie de recruter des couples dont l'homme est bisexuel et de consentir à des contacts charnels avec celui-ci avec une conviction qui n'est que de pure circonstance, de manière feinte, l'objet essentiel de leur désir demeurant la femme.

La prédation masculine à l'endroit des femmes s'observe également sous la forme pure et simple de l'instrumentalisation, lorsque des hommes en couple se servent de leur compagne comme d'une monnaie d'échange pour accéder à d'autres femmes, dans une relative indifférence à son désir véritable, en recourant notamment au registre du chantage affectif. Certaines femmes acceptent ainsi

---

l'épanouissement sexuel — les démarches ayant pour finalité des performances identifiables comme « dissidentes » se développent (dans la perspective d'un plan-cul ou d'une relation durable) dans l'univers des sites de rencontres non libertins, qui pourtant n'envisagent que le modèle du duo et encadrent strictement l'expression érotique dans les espaces publics des usagers (par la censure des photos notamment).

de jouer le jeu de la bisexualité pour rencontrer des femmes qui, fondamentalement, ne sont appréhendées que dans la perspective du désir de leur conjoint — lequel ne souhaiterait pas partager sa compagne avec un autre partenaire masculin.

Eu égard aux valeurs affichées du libertinage, ces situations procèdent d'une imposture, *a fortiori* lorsque la performance sexuelle n'engage que des formes conventionnelles, exemptes de recherches esthétique et cérébrale particulières.

Les couples constitués, au sens d'un partage du quotidien et de liens sentimentaux et projets communs spécifiques, sont très loin en effet d'être les seuls acteurs du monde libertin. Mais sans doute forment-ils des entités plus représentatives du sens qu'y revendique la notion de partage sexuel, mais aussi plus exposées sur le plan affectif.

Le libertinage constitue un défi absolu au modèle conjugal traditionnel basé sur l'exclusivité ; voire un antidote au double négatif de ce modèle, l'adultère. L'allongement de la durée de vie fait que, de nos jours, en dépit d'une entrée plus tardive dans la conjugalité, les couples ont devant eux en théorie un temps qui n'a rien en commun avec celui dont ils disposaient il y a encore trois ou quatre générations. En théorie, car le divorce permet d'écourter ce temps lorsque la lassitude, surtout si elle est associée à d'autres problèmes, devient dévitalisante pour l'individu. Sur le plan du désir porté au conjoint, il semble que la décroissance constitue un processus inéluctable, y compris lorsque par ailleurs est maintenue une entente parfaite. Pour éviter que cette entente soit abîmée par l'affaiblissement progressif de la flamme érotique des premiers temps, et pour raviver celle-ci en la nourrissant d'expériences neuves, certains couples font le choix d'ouvrir leur espace sexuel à des tiers[4].

Le premier critère d'harmonisation qui organise les choix de cette entité dyadique disposée à son propre dépassement est l'orientation sexuelle du ou des partenaires recherchés. À cet égard, ce n'est qu'au stade du triolisme que peut s'acter pleinement la bisexualité d'un individu. Pour le couple où les deux sont bisexuels, c'est dans le quatuor avec un couple semblable que la complétude s'affirmera.

Qu'il soit hétérosexuel, à moitié ou totalement bisexuel, que ses pratiques soient ou non celles de la sexualité straight, «vanille», le couple libertin s'inscrit dans le hors-norme par sa pratique de la non-exclusivité. Cette pratique toutefois est le plus souvent circonscrite à la rencontre faite ensemble, et les cas où rencontrer sans le conjoint est possible ne valent le plus souvent que pour le bénéfice de l'homme[5].

---

4. Il serait intéressant de pouvoir déterminer qui, de l'homme ou de la femme, prend l'initiative de l'entrée dans le libertinage, en fonction notamment des générations et des milieux sociaux, et bien sûr de l'âge du couple.

5. «Vanille» est un qualificatif initialement utilisé par les communautés *queer*, et dont l'usage s'est désormais étendu à l'ensemble des sphères érotiques non conformistes s'affirmant comme telles, pour désigner les formes les plus conventionnelles de l'érotique générale.

Lorsque la femme est autorisée à rencontrer seule, c'est généralement dans la perspective d'une satisfaction de la pulsion candauliste de son partenaire de vie que dans celle d'un jardin secret sereinement accepté par son conjoint. Le candaulisme est une recherche très fréquente dans les annonces de couples, et qui le plus souvent concerne l'homme. À travers cette « perversion », le sujet se confronte (de visu ou par la pensée lorsqu'il n'est pas présent) à une scène que d'aucuns jugeraient comme un supplice insupportable : celle de sa compagne en activité sexuelle avec un ou plusieurs autres partenaires. Ce regard, cette pensée, procèdent d'une sorte de mise à l'épreuve d'une jalousie non véritablement advenue, mais néanmoins présente. Étrange plaisir — trop souvent réduit à l'explication unique du masochisme — que celui de se mettre en situation de vivre, comme témoin passif, une infidélité que l'on a soi-même organisée !

On verra aussi ce plaisir comme une machination du conjoint candauliste dont le but ultime est de satisfaire son désir quasi cinématographique d'une perception décentrée du plaisir de l'autre ; machination qui met en œuvre tout un jeu complexe de miroirs et de figures transférentielles.

La jouissance du candauliste tient pour beaucoup au jeu infini (et parfois obsessionnel) de l'intellectualisation. Dans sa forme chimiquement pure, le candaulisme impose que la participation physique soit intégralement déléguée au(x) tiers. Le candauliste se satisfait alors — avec, le cas échéant, un surplus scénaristique d'humiliation masochiste,

dans le *cuckolding* — d'une jouissance scoptophi-
lique ou même strictement fantasmatique (mais
qui peut être nourrie du récit par son conjoint ou
par le tiers lui-même, voire de photos), dans les
cas où son absence est postulée.

D'un couple candauliste à un autre, le choix
des amants peut se faire de manière collégiale, ou
sous l'autorité exclusive de la femme (on est alors
dans une structuration pleinement gynarchique),
ou de l'homme (lequel, peut-être, vit à travers ce
candaulisme une sorte d'homosexualité par pro-
curation, où il confie à sa compagne le rôle qu'il ne
se résout pas à assumer, et dont il refoule même le
désir, où il projette sur elle sa propre féminité…).

Le candaulisme féminin est parfois revendiqué,
notamment lorsque la femme est bisexuelle, ou du
moins se prête à l'être dans la perspective de rencontrer une autre femme bisexuelle. Mais dans la plupart
des cas il s'agit d'une stratégie masquant la réalité
d'un homme en quête d'autres partenaires que sa
femme, qui se sert de celle-ci comme appât, sans lui
donner la possibilité d'avoir des échanges sexuels
avec d'autres hommes (ce qui serait le cas si c'est un
couple qui était recherché). Le plaisir candauliste de
la femme produit par la scène où son conjoint se livre
à des actes sexuels avec une autre femme reste sans
doute très largement de l'ordre de la supercherie.
D'ailleurs, il semble n'exister aucune iconographie
ou production textuelle évoquant au féminin la
pulsion candauliste et ses modes de scénarisation.

Tous les couples libertins ne sont pas animés
par une motivation candauliste. Si celle-ci n'est

jamais entièrement absente, elle peut s'exprimer sans retrait dans un voyeurisme teinté de masochisme moral, et prendre la forme d'une fierté pour l'autre, pour sa plastique et ses compétences sexuelles (ardeur, souplesse, inventivité, endurance…), et d'un désir de partager cette fierté, de la faire « approuver » par des tiers.

Pour un couple constitué, le libertinage est le terrain où s'expérimente une « inquiétante étrangeté » de la relation ; où sont mises à l'épreuve d'autres représentations du partenaire de vie. Cet *Unheimliche* dans le couple libertin se révèle par exemple à l'homme devant la dimension saphique de la sexualité de sa compagne, et à la femme lorsque se libère chez son conjoint une féminité qu'il comble avec d'autres hommes, *a fortiori* si c'est sur un mode BDSM où ne se trame rien d'autre que l'abandon du phallus à des tiers par celui qui est censé en être le dépositaire (dans la représentation sociale hétéronormée). Elle se révèle dans toutes les performances où les positionnements psychosexuels habituels sont remis en cause, sans qu'il y ait nécessairement d'ailleurs recours à un contexte libertin, collectif et pluraliste. Les jeux de scénarisation et d'adoption de rôles, toutes les saynètes érotiques perverses, ou plus souvent d'inspiration perverse, auxquelles s'adonnent certains couples se réalisent de différentes manières. Occasionnelle ou permanente, figée ou ouverte au changement, restreinte au duo ou pratiquée avec des tiers, dans une démarche qui peut relever du candaulisme ou lui être étrangère, la façon dont le couple pratique ces jeux de rôle est le produit du mode d'agencement du sexe et des autres aspects de la relation conjugale (et le cas échéant de la vie familiale) au quotidien.

Pour séparer le bon grain de l'ivraie du monde libertin, on posera de manière quelque peu doctrinaire que l'« identité » libertine n'est intégrale que chez les acteurs, individus solitaires ou couples, désireux, et plus encore capables, de se confronter au nombre, ainsi qu'à des ambiances, mises en scène et pratiques variées, et de mobiliser des qualités relationnelles spécifiques qui, associées à celles des autres participants, permettront de créer un moment, certes éphémère, d'exception érotique.

Des configurations très diverses organisent la logique pluripartenariale libertine, qui sont fonction bien entendu du nombre des participants, mais aussi, de manière bien plus profonde, de facteurs plus qualitatifs : présence ou non d'une dimension bisexuelle, degré variable de pulsion exhibitionniste ou scopique, ou de candaulisme, thématique échangiste ou mélangiste, jeux érotiques intégrant des situations de domination, scénarisation hypersophistiquée ou spontanéité… Le libertin accompli est celui qui adhère avec un minimum de conviction à ce panthéisme des sens, et qui contribue à le célébrer par sa conduite et par les désirs qui l'animent.

Les formes de sexualité ouvertes au multiple peuvent se vivre dans cet espace en un sens bâtard, ni totalement privé ni totalement public, du club échangiste aux banquettes et tentures de velours rouge. Dans ces lieux où l'inconnu et le non-programmé orientent vers une forme d'économie de la séduction et de la connaissance de l'autre peut-être plus immédiatement sensuelle, s'observe un profond déséquilibre des sexes, la prédation masculine pouvant y exercer à outrance[6]. Ces formes se vivent également lors de soirées se déroulant chez des particuliers qui les organisent au plus près de leurs attentes propres (et aussi selon leurs possibilités en termes d'espace et d'aménagement des lieux notamment), en commençant bien sûr par sélectionner les participants, en fonction de critères de caractère relationnel que l'on imagine plus exigeants. Dans ce cadre du domicile, ou du lieu extérieur, neutre, réservé pour l'occasion, une configuration générale est fixée par avance à la performance pluraliste : trio, quatuor ou rencontre multi-couples en comité de taille variable, avec le cas échéant une thématique érotico-ludique prédéfinie.

---

6. Certains néophytes privilégient les clubs, une fois qu'ils sont assurés de pouvoir y demeurer en retrait sans être importunés si personne ne leur plaît suffisamment dans la clientèle présente. Dans une logique proche, d'autres fixent un rendez-vous préalable dans un endroit neutre, et se réservent ainsi la possibilité de décliner en toute quiétude. Dans un premier temps ces rendez-vous seront fixés en amont d'une éventuelle rencontre sexuelle, pour laisser le temps de la réflexion. Puis, au fil de la carrière libertine et de l'assurance acquise, ils le seront de manière à pouvoir être immédiatement suivis, dans un même temps continu, par la performance sexuelle.

Le mélangisme, l'échangisme, toutes ces figures du supradyadique offertes par le libertinage contemporain semblent — si l'on suit une certaine «logique» du sens commun — être antinomiques avec l'idée d'intimité, si fortement encore rattachée à la familiarité avec le partenaire. L'intime comme moment de vérité absolue du sujet, aussi grande que soit la confiance entre lui et l'autre, n'existe jamais complètement, en ce sens que les gestuelles érotiques demeurent toujours codifiées, y compris dans un régime des mœurs de type libéral, voire incitatoire.

Sans doute — et de manière en apparence paradoxale —, ne s'exprime-t-il jamais aussi parfaitement que dans le libertinage. La dimension pluraliste de celui-ci favorise une variété, aussi bien des partenaires que des pratiques auxquelles ils peuvent inviter, que la configuration conjugale classique, close sur elle-même, n'est quant à elle bien évidemment pas en mesure de satisfaire. Les situations collectives permettent à l'intime — compris comme recoin secret, souvent refoulé même, de la jouissance — de se manifester dans toute sa diversité : la pudeur s'y diluant dans l'excès, dans l'insolite et l'audacieux, à différents degrés de transgression. Au cœur du grand mystère du plaisir, le libertinage soumet l'acteur — sur un mode qu'il ressent parfois comme cathartique — au reflet fragmenté de son propre désir. Ces situations clandestines et toujours relativement anonymes viennent révéler que l'inconnu peut être plus propice que le familier à une expression libératrice de l'intime.

L'observation des « façades virtuelles » du libertinage, des esthétiques graphiques et champs sémiotiques des sites, fait apparaître le primat d'un imaginaire spécifique ; d'un syndrome *Eyes Wide Shut*. Le dernier film de Stanley Kubrick flatte l'idéal d'une communauté libertine se rêvant en confrérie initiatique d'adeptes de bacchanales raffinées où la sexualité collective est une liturgie savante à eux seuls destinée. Bien entendu, le pourcentage de rencontres libertines se réalisant à l'identique de ce type d'univers est sans doute infinitésimal, même si c'est majoritairement cette imagerie qui habille les vitrines numériques de la communauté libertine. Au-delà de la légende, la réalité de la rencontre libertine recouvre des modalités plus modestes mais pareillement habitées par une sorte de mise sous tutelle de la jouissance par l'esthétisation et la scénarisation, de plaisir à différer le « passage à l'acte », par un souci de ne pas sacrifier celui-ci à quelque logique mécanique ennemie du véritable érotisme que veulent incarner les libertins les plus sincères.

Eyes Wide Shut donne à fantasmer un libertinage de stricte observance, presque une secte religieuse, détentrice d'un secret mystique de l'érotisme, attirante autant qu'inquiétante, mais aussi engagée dans une représentation artistique d'elle-même. Mais en contrepoint de ce fantasme, un diagnostic est posé sur le couple et son étroitesse érotique, avec cette question du cinéaste que Diane

Morel formule ainsi : « Comment un concept aussi paradoxal que le couple peut-il exister[7] ? »

Le libertinage nous instruit sur l'impuissance du couple exclusif face à cette aspiration à l'exotisme que certains, à un moment de leur vie, lorsque le fusionnel n'opère plus, peuvent ressentir comme nécessaire à leur épanouissement sexuel. Par une curieuse opération alchimique, la routine sexuelle, la connaissance parfaite de l'autre, la standardisation des pratiques conduisent les partenaires qui les ressentent douloureusement vers des envies jusque-là inexistantes, à l'état conscient du moins. Le couple libertin s'expose à des effets de remodélisation du désir, mais aussi des affects. Les enjeux sont importants pour sa survie, aussi volontaire et confiant en sa solidité soit-il. Le danger est celui de l'attraction sentimentale, source d'une jalousie douloureuse que même les candaulistes n'intègrent que rarement aux « motifs » de leur jouissance. Le libertinage est loin d'être l'autre nom du polyamour, bien que tous les deux ne soient pas complètement étrangers[8].

Le risque que se noue une relation amoureuse avec un tiers existe particulièrement dans le cas du

---

7. Diane Morel, *Eyes Wide Shut ou l'étrange labyrinthe*, Paris, PUF, « Études littéraires », 2002, p. 27.

8. Le polyamour est une sorte de duplication des relations dyadiques qui associent au sexe une dimension sentimentale : cela dépasse la simple relation de *sex-friends* pour se rapprocher de la vie amoureuse parallèle, mais en dehors de tout mensonge, et sans que le candaulisme en soit nécessairement le moteur (cela serait même davantage le contraire : l'indépendance recherchée et revendiquée dans le polyamour n'existe pas en tant que telle dans la scrutation du candauliste).

libertinage en solo. Cette possibilité, je l'ai signalé précédemment, est rarement accordée à la femme, comme si avec elle ce risque était accru, en vertu de quelque prédisposition naturelle au sentiment[9].

Tous les couples libertins ne fonctionnent pas sur un registre inique où la femme est traitée en *infans*, mise sous tutelle par un conjoint qui, quant à lui, s'autorise d'une tout aussi illusoire infaillibilité sentimentale masculine. La plupart des couples libertins posent le principe de précaution du «jamais l'un sans l'autre» et proscrivent pour chacun l'autonomie libertine. D'autres, certes bien moins nombreux, s'accordent de manière réciproque cette liberté de suivre son désir et de le réaliser en toute indépendance, en l'absence de toute participation du conjoint, comme de comptes à lui rendre ou de récit à lui faire. Dans ce modèle, le libertinage est l'application intégrale d'un principe de non-limitation de l'intimité et de la complicité érotiques et sexuelles au seul cadre conjugal : intégrale, car étrangère à la jalousie autant qu'à tout motif candauliste, sans que pour autant il y ait indifférence sur le plan du désir et des affects[10].

---

9. De fait, les (rares) femmes qui évoluent en solitaires dans le monde des libertins sont dans la majeure partie des cas célibataires (ou adultères, ce qui est moins conforme à l'éthique de liberté, impliquant celle de transparence, du libertinage).

10. La rareté de ce modèle peut s'expliquer par la crainte que les hommes peuvent ressentir par rapport aux opportunités de rencontres plus nombreuses chez les femmes, pour des raisons tout d'abord de disproportion numérique des sexes, et au sentiment que par conséquent la participation ne se fera pas «à armes égales». Sans doute ne peut-on s'engager de manière absolument sereine dans ce modèle qu'à condition d'être épargné par une vision compétitive, par la jalousie des «résultats» de l'autre.

Il est l'expression radicalisée, car touchant au temple moral du sexuel, et susceptible d'engager des « bricolages sentimentaux » complexes, d'un processus que les sociologues identifient dans le couple contemporain comme mouvement de reformulation des articulations entre le collectif et le subjectif, comme volonté farouche de ne pas prêter crédit à la formule célèbre : « Former un couple c'est ne faire qu'un. Mais lequel[11] ? »

Rien qu'un rêve, la nouvelle d'Arthur Schnitzler écrite en 1926 qui inspira Stanley Kubrick, expose dans toute sa clarté l'enjeu du libertinage pour un couple : celui de la résolution d'un antagonisme entre le désir dans le cadre conjugal et ce désir rendu à sa pleine autonomie individuelle, entre la clôture et la possibilité du buissonnier. Avec beaucoup de pertinence, Schnitzler fait l'hypothèse d'une capacité du libertinage à agir comme « éveil » pour le couple, lorsque le trauma qu'indéniablement il constitue est dépassé par l'acceptation du principe formulé par Albertine : « la réalité d'une nuit, pour ne pas dire celle d'une vie entière, n'est pas toute la vérité ». Lorsque le jeu d'apparences et d'illusions autour duquel se tisse la relation conjugale est compris pour ce qu'il est, une convention au service d'une conception du couple comme monade[12].

---

11. Voir Serge Chaumier, *La déliaison amoureuse. De la fusion romantique au désir d'indépendance*, Paris, Armand Colin, 1999, et François de Singly (dir.), *Libres ensemble. L'individualisme dans la vie commune*, Paris, Nathan, « Essais et recherches », 2000.

12. Arthur Schnitzler, *Rien qu'un rêve,* suivi du scénario de *Eyes Wide Shut* de Stanley Kubrick et Frédéric Raphaël, Paris,

Le contact libertin s'établit d'abord, dans la grande majorité des cas, sur le mode du virtuel, par le biais des messageries instantanées des sites de rencontres. La séduction virtuelle prend appui en premier lieu sur le sentiment que provoque la présentation de soi et de ses attentes. Si celle-ci opère, elle ouvre sur une première séquence du dialogue, avec ouverture des albums privés, c'est-à-dire révélation de la réalité physique, dans des circonstances plus ou moins sages selon la stratégie adoptée, entre esthétisme suggestif et réalisme cru.

Une fois l'attirance physique réciproquement ressentie, avec les réserves qu'impose la distance, à travers l'image photographique, l'éventualité d'une rencontre va chercher à se confirmer dans des échanges plus directs, dans lesquels pourront être exprimées des attentes supra-sexuelles, dans la perspective de relations relevant de l'amitié éro-tique, inscrites dans la durée. C'est au cours de ces échanges que l'attirance initiale sera ou non confirmée, et aussi que les plus aguerris pourront identifier les « fantasmeurs », ces acteurs qui ne sont en définitive jamais prêts à passer à l'action, généralement des hommes dissimulés derrière une annonce de couple.

Pour le chercheur, la communauté libertine vir-tuelle, et en particulier les sites de rencontres, forme

---

Pocket, 1999, p. 102. Dans le film de Kubrick, l'équation de l'éveil énoncée par l'épouse à la fin du récit revêt un sens bien plus énigmatique encore, dans sa trivialité même : « Baiser le plus vite possible »…

le terrain le plus fécond pour une première approche sociologique de type qualitatif. Il constitue une documentation précieuse sur la diversité des acteurs en termes d'âge, de sexe, de situation familiale, de niveau de formation, de statut socioéconomique, de pratiques culturelles… Il permet de constater que le monde libertin est à tous égards placé sous le signe du multiple, tant sur ce plan sociologique général que sur celui des critères de la recherche, laquelle peut être ouverte à plusieurs formules ou dédiée à une configuration unique, et en un sens fétichisée, de type relations intergénérationnelles, interraciales, femmes enceintes, simulations de viols ou d'inceste…

Chaque annonce est la signalétique d'un caractère libertin spécifique, l'expression d'un mode plus ou moins maladroit, plus ou moins efficace, de l'exposition de soi dans une perspective relationnelle sexuelle. Chacune traduit un capital symbolique, et une capacité à composer avec celui-ci dans un contexte de forte concurrence, mais aussi de grande variété des attentes et des formes d'engagement concret. Certaines annonces délivrent un catalogue de conditions qui peut produire un sentiment d'impersonnalité et d'érotisme mécanique. Elles évoquent quelque « cahier des charges » d'un désir clos sur lui-même, comme vitrifié, où l'autre est réduit à un rôle d'exécutant. D'autres cultivent un registre conceptuel intrigant, décalé, dans le but notamment de procéder à un premier filtrage sur la base de la capacité au second degré, à la distanciation. Il s'agit là de recherches intégrant une forte dimension « sapiosexuelle », où l'excitation sexuelle réclame une attirance intellectuelle forte, le cerveau s'affirmant comme zone érogène, la conversation comme un préliminaire, et qui s'orientent en général davantage vers la relation suivie que vers le *one shot*.

Dans la grande majorité des cas, les niveaux de langage et les champs sémantiques sont relativement peu élaborés, réduits à une présentation minimale de soi et de ses goûts sexuels. Ou ils souffrent d'une sophistication stéréotypée, inauthentique, nourrie d'érotisme « porno-chic », répétitions sans âme d'une certaine « doxa libertine du libertinage ».

Certains mots en particulier sont surreprésentés dans la formulation des attentes quant aux qualités érotiques du partenaire recherché ou dans la présentation des siennes propres : pervers, imaginatif, vicieux, endurant, TBM (très bien monté), expérimenté, sans tabou… Les ambiances recherchées peuvent s'énoncer sur le registre antique de l'orgiaque, du sybaritisme, des bacchanales, le type de performance envisagé se définir avec le néologisme « coquiner », lorsqu'il relève d'imaginaires sensuels où l'immédiatement agréable prime, où les échanges charnels et érotiques appartiennent plus au « polisson » qu'à la dramaturgie des déviances.

La politique mise en œuvre pour rendre son profil attractif passe également par l'iconographie utilisée dans les espaces accessibles à l'ensemble des usagers du site. Il peut s'agir le plus souvent d'images « empruntées » sur le net et déposées sur la fiche pour illustrer un type de pratiques, de climats, de partenaires, mais aussi, de manière plus ou moins consciente, pour indiquer un certain niveau de sensibilité esthétique. Mais peuvent également être affichées en libre accès des photographies sur lesquelles figure la personne ou le couple. Si les visages peuvent être masqués ou floutés, ces photos personnelles exposent la vérité de l'individu en ce qui concerne son anatomie, le cas échéant dans un contexte d'activité sexuelle, et en ce qui concerne son environnement. On observe dans de nombreux cas un décalage entre les pseudonymes et contenus textuels de l'annonce suggérant un libertinage élitiste et cette réalité photographique d'appartements ordinaires, parfois en désordre.

N'en déplaise aux tenants de la légende aristocratique, les niveaux socioculturels présents dans le libertinage contemporain offrent une grande diversité, dont on retire que la possibilité d'inviter des partenaires dans une élégante suite d'hôtel suppose des moyens financiers assez élevés, et que par conséquent ce décorum très valorisé dans l'iconographie libertine n'existe en réalité que dans une proportion très mince, rapportée à la totalité des performances libertines réalisées.

Longtemps, le monde des libertins s'est plu à se présenter comme une bourgeoisie voltairienne nourrie de l'esprit volage du dix-huitième siècle : libérale sur le plan des mœurs, mais socialement élitiste, attachée à l'affirmation d'un habitus «supérieur» ainsi qu'aux privilèges de l'argent. Mais la généralisation relative de la pratique libertine, dans le cadre historique général de la société de consommation et de son nouvel hédonisme, renvoie cette représentation au rang d'imagerie éculée.

En particulier, le libertinage est fortement impacté par une catégorie sociale aujourd'hui en plein développement, caractérisée par l'inadéquation entre un niveau d'études élevé et une position socioéconomique relativement précaire, en tout cas éloignée du statut bourgeois. Cette catégorie au demeurant très hétérogène modifie la sociologie du libertinage sur plusieurs plans. Elle conduit tout d'abord à un abaissement des âges dont il faut conclure que le libertinage s'introduit de plus en plus précocement dans la vie de couple, mais aussi qu'il peut précéder l'installation dans celle-ci, et pourquoi pas y conduire[13]. Avec ces « âmes bien nées » le libertinage peut advenir autrement que comme ultime remède ou alternative à l'ennui de la stase sexuelle conjugale. Le couple n'est plus pensé dans les termes ancestraux du patriarcat, mais conçu comme une construction expérimentale, ouverte de manière égalitaire aux diverses formes du non-conformisme sentimental inspirées du modèle de *Jules et Jim*. Cette catégorie d'acteurs apporte également un renouvellement des codes, tant sur le plan des esthétiques et des pratiques que sur celui des conduites relationnelles, avec notam-

---

13. L'activité libertine commune d'un couple peut même survivre à la séparation. Certes, il s'agit d'un cas très anecdotique et qu'il faudrait rapporter au nombre total, malheureusement inconnaissable, des ex-couples libertins.

ment une définition plus large, plus libérale, du « bon sexe » et une attitude générale plus égalitaire envers les femmes, mais aussi avec une vision moins stéréotypée des critères de la convivialité pluraliste. Accoutumée à de nouveaux critères de la séduction physique incluant notamment le tatouage, le piercing et de nouveaux styles vestimentaires, de type burlesque ou *fetish* par exemple, elle diversifie les styles iconiques du libertinage. Nourrie de références artistiques et intellectuelles plus actuelles en matière de liberté sexuelle, elle bouscule certaines des postures les plus classiques, et introduit dans ce monde traditionnellement situé à droite, en relation à une défense de l'élitisme, des référents philosophiques de type antiautoritariste et anti-conformiste, plus instruits des enjeux « sociétaux » de la sexualité et des politiques du sexe. Outre une réelle diversité sociale et culturelle qui en impacte les codes esthétiques et relationnels, ces nouveaux libertins apportent en premier lieu une éthique moins soucieuse des étiquetages et des standards, animée par une forme en un sens libertaire de réalisation de soi.

Le libertinage n'est pas un monde où les différentes catégories sociales et culturelles se croisent avec une plus grande facilité qu'ailleurs, loin s'en faut. La « sélection » des invités, dans le cas de rencontres programmées, ne s'effectue pas que sur le plan de l'attirance sexuelle : une compatibilité des habitus est exigée, de manière plus ou moins consciente. Et c'est davantage dans les clubs, les saunas et autres lieux d'exhibition libertine, là où les relations se nouent dans un cadre extérieur pour tous les participants, et de manière plus anonyme et plus instantanée, qu'un brassage social plus large est possible.

Le libertinage s'organise comme un réseau de type communautaire, via les espaces publics (sites web et clubs), mais aussi comme un chapelet d'archipels pas toujours très perméables les uns aux autres, qui se déterminent autour des modalités de chacun dans les conditions de la pratique (genre, orientation, conditions de rencontre, types de jeux acceptés ou recherchés…), mais aussi de ses critères de personnalité, de style de vie, de niveau social et culturel.

Une certaine *gentry* — fortement marquée par l'esthétique *Eyes Wide Shut* — contribue à donner du libertinage un caractère « spectaculaire », au travers d'événements festifs plus ou moins rigoureusement sélectifs, dans les clubs parisiens en vogue ou au village naturiste du cap d'Agde, de plus en plus investi par le « tourisme libertin ». Certains de ses représentants travaillent à leur notoriété en publiant romans ou témoignages, tel Patrick Lesage, dominateur dont le donjon parisien est un des hauts lieux du BDSM libertin, et auteur d'un récit autobiographique dans lequel il explique sa volonté de sublimer la femme en la mettant à la manière d'un démiurge dans des situations de totale soumission[14].

---

14. Patrick Lesage, *Journal d'un maître*, Paris, Flammarion, 2005.

Mais indéniablement, une nouvelle culture du libertinage commence à émerger, dont l'approche est en un sens plus personnelle et plus créative, lorsque l'individu expose dans un blog son cheminement sur la voie des sexualités hors normes, l'associe à des images qui le touchent, dans différents domaines, et disserte sur sa signification profonde. Lorsque également il s'investit dans des collectifs artistiques dédiés à la célébration verbale, iconographique ou musicale des plaisirs libres et autres ailleurs érotiques, à leur esthétisation, mais surtout à leur questionnement.

En dehors de ses représentations fantasmées et de leurs codes esthétiques relativement unitaires, jusqu'au « cliché » parfois, la « communauté » libertine forme avant tout un marché relationnel opportuniste, aléatoire, volatile, fragmenté. Elle est, dans sa réalisation concrète, une addition composite de situations qui n'ont pas toutes les mêmes contours, ni la même fréquence chez tous les acteurs ; d'attentes ambiantiques et de moyens de les satisfaire ; de degrés et de formes d'investissement et de répertoires fantasmatiques.

L'identité libertine ne peut constituer une labellisation déterminée par la fréquence des rencontres, le nombre des partenaires ou les types de performances sexuelles réalisées. Elle prend sens « originairement » dans la disponibilité du sujet à une jouissance au-delà de la chair, à travers telles ou telles formes de cérébralité, de fantasmes et

d'affects — disponibilité qui s'affermit, se conso-
lide, se modifie aussi dans ses contenus au fil de la
« carrière » libertine.

Cette identité, c'est avant tout la possibilité
pour l'acteur de ne pas être enfermé dans l'exercice
de son activité sexuelle; possibilité que le couple
a peut-être bien des difficultés à satisfaire, et fort
logiquement dans le cas où la bisexualité fait partie
des désirs, et plus largement dans tous les cas où ces
désirs appartiennent au hors-norme. La condition
libertine réside tout entière dans cette résolution du
sujet à ne pas fantasmer indéfiniment dans le vide et
à concrétiser ses désirs, aussi grandes que puissent
être les entorses à la morale que cette résolution
implique. Elle est acceptation des formulations
réelles, dans un jeu relationnel collectif qui suppose
une part d'adaptabilité du sujet, de l'arborescence
de son désir et de sa plasticité.

La rencontre libertine libère toutes ses potentialités lorsque le corps et l'esprit s'y livrent à une
sorte de « double jeu », lorsque se réalise la conju-
gaison harmonieuse, jamais identique d'un acteur
à un autre, d'une rencontre à une autre, du sensuel
et du cérébral.

Les situations les plus brutales (dans le libertinage, cette brutalité est toujours négociée, et donc
factice), les *gang bangs* par exemple, ne sont pas
exemptes de cérébralité. Elles nous indiquent même
ce que cette notion recouvre au plus profond : une
disponibilité totale du sujet au simulacre, aussi
rudimentaire celui-ci puisse-t-il apparaître. Dans
son sens le plus élevé, le libertinage est expression

d'une « volonté » et non soumission aux circonstances, même lorsque celles-ci relèvent du *trash*.

Ce qui importe, en effet, c'est qu'il y ait création de mises en scène. Et si celles-ci peuvent être très différentes dans leur sophistication esthétique — du manoir à l'usine désaffectée — et dans leurs registres de pratiques — du voluptueux au *hard* —, elles ont en commun de permettre au sujet un supplément de jouissance lié notamment à la conscience du caractère transgressif de ce à quoi il participe.

La performance libertine, dans ses formes les plus attachées à la théâtralisation, inscrit le jeu charnel dans le temps long du fantasme, qui à la fois la précède et lui succède, l'organise et la réfléchit dans l'introspection autour de ce qui a été désiré puis vécu. Elle est actualisation de ce que ceux qui abordent la sexualité dans une perspective non conformiste désignent comme « délire », comme *trip*, en en soulignant ainsi toute la localisation cérébrale.

Chapitre 3
La part du symbolique : perversion, fantasme, art

Le monde libertin et l'«art de vivre» qu'il revendique (du moins que revendiquent les acteurs attachés à semblable dimension) possèdent pour ossature principielle la configuration supradyadique. Celle-ci apporte la sublimation du nombre en complément de l'ouverture aux excentricités du désir, aux «perversions», en commençant par le voyeurisme et l'exhibitionnisme, qui ne peuvent empiriquement exister que dans ces situations collectives.

Le discours identitaire des libertins soucieux de s'inscrire dans une logique d'appartenance et de codes en commun met en avant cette disponibilité pour les différentes variétés de la déviance. L'appétence pour la bizarrerie est affirmée avec fierté, comme une sorte de supplément d'âme érotique au travers duquel le libertin se distingue du commun et de sa sexualité présumée sans relief.

S'affirmer comme pervers, qui plus est sans l'être véritablement sur un plan clinique dans la plupart des cas, fonctionne à la manière d'un passeport aristocratique, en relation avec le syndrome *Eyes Wide Shut* évoqué dans le précédent chapitre.

Le pervers, le vicieux, le sulfureux, l'infernal, le sadique, le détraqué… : l'érotique libertine peut s'énoncer, chez ceux pour qui importe d'en bâtir la légende, en usant d'un vocabulaire qui suggère l'effroi davantage que le plaisir. Bien entendu, tout cela n'est qu'un simulacre ; une farce des pulsions de vie qui s'expriment dans une morale sacrilège du plaisir sensuel sans interdit, en se mettant elles-mêmes en scène comme radicalement étrangères aux critères du « bon » sexe. Le libertinage suppose alors, outre sa vocation pour le pluriel, une quête d'expériences intimes vouées à être renou-velées, réinventées, vécues par le sujet dans un engagement profond, dans un esprit qui échappe à celui du vulgaire collectionneur de rencontres sans âme. L'inventivité, la capacité à transformer la relation érotique en un jeu subtil de séduction affranchi des standards communs, et ce en amont même de la rencontre physique, dès les premiers échanges virtuels, forment les critères cardinaux de l'*ethos* libertin, toujours saisi dans une perspective idéale-typique.

Le charnel, pris dans ses dimensions haptiques, sensorielles, est ici en quelque sorte tutoré par le cérébral. Il est initié, habité et clos par lui, au gré d'articulations variables entre le champ de l'extase charnelle et celui de la jouissance psychique. Il est exalté par un travail de l'imaginaire soucieux de sa propre mise en scène, et qui contribue à faire de la performance libertine une forme spécifiquement érotique de l'œuvre d'art totale.

Le libertinage c'est, idéalement toujours, une volonté de « donner à la chair les prestiges de l'esprit », pour reprendre la formule de Georges Perros définissant l'érotisme[1]. De réaliser ce prodige à travers notamment toute l'attention apportée au décorum, à l'ambiance, et simplement à la possibilité d'une harmonie de personnalité entre les participants. C'est la croyance en un au-delà de la baise, en une transcendance de cet acte sexuel qui déjà à lui seul est une énigme en ce que, « contrairement à tout autre acte, il n'est pas séparable de l'excitation qui l'anime ». C'est cette dynamique singulière, poursuit Anne Dufourmantelle, qui fait du sexe « l'autre nom du *kairòs* », c'est-à-dire de « cet événement […] qui ne se recommence pas, dont le plaisir même est de ne pas cesser vouloir se recommencer[2] ».

Pour paraphraser Freud, on pourrait affirmer, parlant spécifiquement du libertinage, que le destin, c'est le cérébral. Ce champ de toutes les expérimentations charnelles est peut-être celui où se fait entendre avec le plus de pertinence — et de manière sans doute quelque peu sarcastique — le constat de Serge Gainsbourg : « l'amour physique est sans

1. Georges Perros, *Papiers collés*, Paris, Gallimard, « L'Imaginaire », 1960, p. 92.

2. Anne Dufourmantelle, *Blind Date. Sexe et philosophie*, Paris, Calmann-Lévy, 2003, p. 56 et 91.

issue »… Du jeu du cérébral dans la vie érotique on rappellera en premier lieu qu'il renvoie à ce « facteur psychique » que Freud reconnaît dans la sexualité, et dont Jacques André résume ainsi le principe : « il n'y a pas que du sexuel dans le sexuel […]. C'est du sexuel pour un sujet. […] La disposition perverse, la perversité, est intrinsèque à la vie psychique. Le génital n'est pas tout[3]. »

Dire ce qu'est cet en-dehors du génital n'est pas chose aisée, tant en effet cette expérience, le répertoire intime de ses significations et la façon d'en recevoir les gains psychosexuels appartiennent à l'ordre de l'idiosyncratique ; lequel bien entendu n'échappe jamais totalement aux logiques de « façonnage » du social, sans que pour autant la psyché ne se résume au statut de reflet structural d'une culture environnante. Le cérébral c'est cet au-delà du sexuel agissant au cœur du sexuel, qui vient à la fois concurrencer, sublimer, différer… le génital. C'est une domestication de la pulsion dont les fins ne sont pas ascétiques. C'est un registre du plaisir où l'anatomique, le charnel n'opèrent plus de manière autonome, pour leur propre bénéfice, et où le vertige des sens devient le produit paradoxal de leur soumission aux exigences de l'imaginaire. C'est tout simplement la condition et la manifestation de l'érotisme.

L'intellectualisation comme opération érotique, par l'imagination, par la représentation littéraire ou picturale, dans le fantasme et dans la réalisa-

3. Jacques André, « La perversion comme fétiche », dans Jacques André (dir.), *La perversion, encore*, Paris, PUF, « Petite bibliothèque de psychanalyse », 2015, p. 16.

tion de mises en scène érotiques ritualisées, scénarisées, agit comme glorification de ce que, en
un sens, elle vient « dénaturer ». Elle produit un
surplus d'excitation que la proto-sexologie, cau-
tion scientifique du puritanisme au tournant du
vingtième siècle, identifia comme « artificiel », dans
un contexte culturel d'invention d'une mythologie
« alternative » de la décadence et de la lubricité avec
Octave Mirbeau et son *Jardin des supplices* (1899),
avec Gustave Flaubert et sa *Salammbô* (1862), avec
Gustave Moreau et les symbolistes.

Arrimé à la pulsion génitale, le sexe libertin ne
rayonne que comme exaltation des sens vers cette
dimension plus symbolique, en quelque sorte méta-
sexuelle, du cérébral dont le fantasme est le substrat
nourricier, l'humus, tandis que la perversion en est
la signature suprême. Chacune des performances
parmi celles qui peuvent le plus légitimement se
réclamer du libertinage constitue une sorte d'opération alchimique permettant le triomphe, en amont
aussi bien qu'en aval, de la part a-sensorielle de la
jouissance, avec pour ancrage tangible des types de
contacts physiques éventuellement non conventionnels, et en tout cas s'actualisant dans un cadre
de pluralité des partenaires.

Mais que sont donc le fantasme et la perversion ?
L'adret et l'ubac d'une jouissance qui demande
pour advenir que l'acte proprement dit soit placé
sur l'orbite d'une cérébralité byzantine et soucieuse
de sa propre mise en représentation ?

À l'origine était le fantasme ! Prenons ce terme dans son acception la plus simple, la plus ordinaire : une échappée érotique absolument virtuelle, qui par conséquent n'implique rien ni personne dans le réel, puisqu'elle n'a pas accès à celui-ci, et dont les contenus peuvent être très conventionnels, ou verser dans des registres plus hermétiques.

Le fantasme peut être vu comme une manifestation de la libido sexuelle circonscrite à un processus de mentalisation relevant au final d'une dimension totalement onaniste. Mais s'il demeure en lui-même de l'ordre de l'immatériel, il peut être concrétisé, réalisé, performé, sous certaines conditions du moins et en fonction de la motivation réelle du sujet et des opportunités qui se présentent plus ou moins facilement à lui, notamment dans les cas où son imagination engage ce qui pourrait être perçu comme trop déroutant, voire « tordu » ou malsain.

Ce que le libertinage offre en propre, et en premier lieu, au fantasme, c'est une possibilité élargie d'en exprimer les contenus les plus alambiqués, y compris ceux qui sont habités par l'esprit de la perversion. Mais le libertinage n'est pas seulement le théâtre qui permet au fantasme de s'actualiser : il en est aussi la manufacture, même si bien entendu cette (re)création ne s'opère pas *ex nihilo* et repose sur les structures psychosexuelles les plus ancrées dans la psyché du sujet.

Les déviances sexuelles, telles qu'elles sont répertoriées avec quelque complaisance trouble il y a un peu plus d'un siècle dans un certain nombre d'ouvrages devenus fameux, comme la *Psychopathia Sexualis* de Krafft-Ebing (1893), frappent par leur caractère à la fois méticuleux et obsessionnel. D'elles, la métapsychologie freudienne nous enseignera qu'elles découlent toutes d'une perversion matricielle, le fétichisme. Pris dans son acception psychiatrique stricte, le fétichisme constitue une pathologie des sens, presque exclusivement recensée chez les hommes, se traduisant par le conditionnement absolu du désir à la présence d'un détail plus ou moins insolite, trait physique, vêtement, posture ou type de comportement chez le partenaire, ou bien d'un accessoire, ou d'un type de lieu ou de décor[4]. Nulle trace en apparence de cette perversion avant sa découverte à la fin du dix-neuvième siècle : ce que Freud explique en faisant l'hypothèse qu'elle se résorbait alors dans telles ou telles formes culturelles, artistiques, religieuses… Dans une lettre à Karl Abraham du 18 février 1909, il illustre la logique du refoulement partiel qui selon lui la caractérise en recourant au

---

4. Les psychanalystes connaissent bien des cas où les tendances fétichistes de la femme s'expriment sous une forme sexuelle sans équivoque, et où leur satisfaction conditionne l'orgasme. Mais à la différence du fétichisme masculin, ce qui est fétichisé chez la femme s'avérerait en général plus facilement intégrable à la vie sexuelle, car plus lié au corps du partenaire qu'à des accessoires dont il serait revêtu ou équipé. Voir Gérard Bonnet, *Les perversions sexuelles*, Paris, PUF, « Que sais-je ? », 2007, p. 78.

« parallèle historique » du mépris de la femme et de l'exaltation de la Vierge Marie au Moyen Âge[5].

Le fétichisme sexuel commence à susciter le regard scientifique au moment où s'impose aux sociétés occidentales une logique économique, mais aussi sociale, dans laquelle la valeur des biens matériels cesse d'être mesurée à l'aune de leur seule valeur d'usage pour être subordonnée à des critères plus abstraits, plus magiques en un sens, ainsi que l'analyse Karl Marx[6]. C'est aussi l'époque où se développe la muséographie ethnographique : l'idolâtrie du « sauvage » et l'obsession compulsive du fétichiste ne dessinent-elles pas en creux, comme le suggère James Clifford, « une "bonne" relation aux objets[7] » ?

Les perversions sexuelles — et c'est en cela qu'elles forment des variations autour de la « perversion-mère » fétichiste —, ont en commun de former le seul type de réponse que le sujet peut apporter à l'angoisse de castration. Elles marquent, ainsi que le développe Freud dans les *Trois essais sur la théorie sexuelle*, l'impossibilité pour les pulsions partielles de se subordonner au génital, et donc d'accéder à ce privilège d'un père qu'il s'agit bien en conséquence de décrédibiliser.

---

5. Voir Janine Chasseguet-Smirgel, *Éthique et esthétique de la perversion*, Ceyzérieu, Champ Vallon, 2006, p. 43.

6. Karl Marx, « Le fétichisme de la marchandise et son secret », dans *Le capital*, livre I, Paris, PUF, 2014.

7. James Clifford, *Malaise dans la culture. L'ethnographie, la littérature et l'art au XXe siècle*, Paris, École nationale supérieure des Beaux-Arts, « Espaces de l'art », 1996, p. 219.

L'image du phallus ayant failli à sa tâche de consolidation narcissique, la polarité des sexes n'ayant pu être intégrée de façon satisfaisante, le pervers trouve dans l'élaboration théâtrale d'un langage érotique dont lui seul possède le glyphe le moyen d'échapper à la confusion psychotique. Cette « invention sexuelle » lui permet, écrit Joyce McDougall, d'affirmer sa supériorité sur ceux « qui font l'amour à l'ancienne mode — à la façon dont le faisait le père dénigré[8] ».

À ce qu'il convient pleinement alors d'appeler l'amour « à la papa », le pervers oppose une fantasmagorie alambiquée, expression de la régression sadique anale qui forme le contrepoint de la carence du génital, et instrument d'une nécessaire abolition symbolique de la réalité en tant qu'elle représente un univers de différences. La clinique psychanalytique contemporaine a mis en avant que si la perversion est rejet du géniteur, du Créateur, ce rejet est pour le pervers une forme de défi de créativité véritablement démiurgique. Condamné à entretenir l'illusion de sa supériorité sur le père, le pervers doit opposer à l'univers génital de celui-ci un monde érotique profondément sophistiqué, esthétisé, ésotérique. Janine Chasseguet-Smirgel souligne ainsi à juste titre la puissance du processus d'idéalisation chez le pervers, qu'elle explique comme un besoin de « recouvrir de mille joyaux chatoyants » la nature véritable du mécanisme de

---

8. Joyce McDougall, *Plaidoyer pour une certaine anormalité*, Paris, Gallimard, « Connaissance de l'inconscient », 1978, p. 48.

défense qui le commande : l'analité, qui est hybridation, abolition des différences et de la perte[9].

La perversion est peut-être au fond une expression mentale plus solide du fantasme, plus fermement tendue vers l'agir, une étape vers une matérialisation de l'idéel. La façon dont elle s'exprime dans le libertinage n'obéit pas aux mêmes logiques que celles qui ordonnent le désir chez le pervers « intégriste ». Tout d'abord, elle ne constitue pas une esquive systématique du coït, à l'égard duquel elle se situe plus comme complément que comme substitut absolu. D'autre part, elle est davantage valorisée dans l'univers libertin comme manifestation d'une imagination baroque et pittoresque que comme exigence tyrannique d'un scénario immuable.

C'est bien la créativité de la perversion qui est honorée dans le libertinage, au sens d'une capacité à s'ouvrir à de nouveaux horizons, même en conservant une ligne directrice, une orientation majeure, pourvu que celle-ci soit suffisamment flexible pour s'adapter aux variations scénaristiques souhaitées par les différents partenaires. En se qualifiant de pervers, de déviant, le libertin ne revendique rien d'autre que son inventivité et son sens de l'esthétisme. Il fait usage d'un sens second indiquant son aptitude à participer avec aisance à un « jeu » de sociabilité sexuelle collective avec des inconnus.

---

9. Janine Chasseguet-Smirgel, *Éthique et esthétique de la perversion*, *op. cit.*, p. 65.

Dans le cadre du libertinage, la notion de perversion ne se réduit plus à une structure psychosexuelle rigide, uniforme et répétitive, aussi riches que puissent être ses détails. Robert Stoller pose une distinction intéressante entre perversion et « mécanismes de perversion ». La première répond à une vision de l'autre comme totalement réifié sous l'effet d'un puissant désir de revanche sur les traumatismes et les frustrations de l'enfance : ce qui se joue alors dans la performance sexuelle, c'est une « [inversion] de la position des acteurs du drame », dans la perspective d'un relâchement de la tension. Les seconds procèdent quant à eux d'une logique plus souple, plus ludique : celle notamment des préliminaires sexuels, qui « servent à accroître la tension et à accentuer l'engagement avec le partenaire[10] ».

Le curseur est mis ici sur la limite entre une instrumentalisation de l'autre et un rapport relevant davantage du partenariat. Mais il signale également une autre limite, relative quant à elle à la possibilité d'introduire la jouissance du différé — à travers notamment la scénarisation de la performance — dans le jeu que l'individu peut exercer sur sa propre pulsion. Le monde libertin est à cet égard le théâtre de tous les « mécanismes de perversion », bien au-delà de la seule sphère des préliminaires, aujourd'hui pleinement normalisés d'ailleurs. Le pervers y est un personnage prestigieux : initiateur,

---

10. Robert Stoller, *La perversion, forme érotique de la haine*, Paris, Payot, « Petite bibliothèque Payot », 2007, p. 143 et 148.

hiérophante, dont les audacieux qui se prêtent à ses jeux sont en attente d'une « révélation ».

Bernard De La Gorce décrit très bien le mécanisme psychorelationnel de la performance perverse, mécanisme qui rend complexe la notion d'instrumentalisation. Car en effet, entre le pervers et sa « victime », existe un jeu de « complicités inconscientes », une complémentarité basée sur le consentement (le véritable pervers étant, à cet égard, celui qui ne souffre aucun consentement, tant il a besoin d'exercer une pleine contrainte). Le pervers, aussi manipulateur et dénué d'empathie soit-il, exerce bien une attraction profonde auprès d'un certain type de sujets sensibles aux promesses de celui qui « se présente comme le contrepoison des instances refoulantes[11] ». L'aura de ce libérateur du désir, si convaincu de la supériorité du modèle sexuel qu'il a construit — en démiurge, quand le philistin n'a fait qu'hériter du sien —, est d'autant plus puissante dans notre culture qu'elle est entretenue par tout un pan de la création artistique désormais accessible avec toute la facilité des nouvelles technologies de communication.

Là où les formes anciennes de l'art érotique (dans la culture populaire notamment) procédaient à une représentation directe de l'acte sexuel et des manières (licites ou non) de le pratiquer, une vision

---

11. Bernard De La Gorce, « Tuer l'âme », dans Jacques André (dir.), *La perversion, encore, op. cit.*, p. 48.

nouvelle, centrée sur la figure du fantasme, s'est imposée aux créateurs.

L'art érotique occidental s'est rendu disponible à sa propre modernité il y a un peu plus d'un siècle, en un temps où, précisément, les perversions venaient d'être mises au jour par la protosexologie puis par la psychanalyse. Le mouvement surréaliste en particulier a permis l'affirmation de ce processus de valorisation de la part cérébrale de l'érotisme, à travers des œuvres littéraires, picturales ou photographiques d'un genre radicalement inédit; celles d'André Breton, de Buñuel, de Marcel Duchamp, de Magritte, de Picabia, de Man Ray, de Jacques-André Boiffard. Avec ces créateurs, qui eurent très souvent comme référence le Divin Marquis, l'érotisme commence à s'affirmer artistiquement comme s'inscrivant dans un au-delà du charnel.

Avec le surréalisme, le mystère du sexuel est examiné poétiquement, dans une mise en doute radicale des valeurs de l'Occident moderne, et en particulier du rationalisme et du jeu social désenchanté des identités codifiées, avec pour horizon une forme de mysticisme. Dans son sillage, Hans Bellmer, Pierre Molinier, Claude Cahun, déploieront ainsi une vision où le désir de l'individu, saisi dans toute sa singularité psychique, et dans tous ses paradoxes, rencontre une sorte de vérité anthropologique; où il trouve à s'organiser, à fonder un ordre inédit, par-delà toute velléité de refoulement et de normalisation.

Le dernier tiers du vingtième siècle voit l'affirmation d'une érotique qui se conçoit elle-même

comme processus, dans le mouvement, le renouvellement, l'éclectisme, mais aussi dans l'enivrement
de sa propre permissivité. Dans un contexte de
profond bouleversement des structures sociales,
d'accès plus large à l'enseignement supérieur et
aux savoirs, d'essor des médias culturels de masse
et de bouillonnement contestataire d'inspiration
libertaire incarné notamment par la contre-culture
états-unienne, les œuvres scandaleuses cessent progressivement d'être censurées. Elles accèdent même
pour certaines assez rapidement à l'académisation,
leurs adversaires étant alors catégorisés comme
représentants vestigiels d'un puritanisme dépassé.

Parmi ces œuvres, *Le dernier tango à Paris* de
Bernardo Bertolucci (1972) occupe une place
importante. En dépit de nombreuses mesures visant
à restreindre sa diffusion — la plus dure ayant été
prise en Italie, avec une interdiction pure et simple
—, ce film a contribué à la banalisation d'une représentation nouvelle de la sexualité auprès du moins
d'un public encore numériquement relativement
modeste et discret, mais ne se limitant plus à la
sphère de la haute culture transgressive. On peut
également citer l'adaptation cinématographique
du roman de Joseph Kessel *Belle de jour* par Luis
Buñuel en 1967. Peu à peu, le sexe et ses « excès » se
formulent dans des créations artistiques reconnues
comme légitimes, en tout cas affirmées comme
dignes d'intérêt sur divers plans esthétiques ou
intellectuels par les élites modernistes.

Avec la nouvelle culture populaire des années
1960, celle de la société de consommation nais-

sante, le grand public accède lui aussi à des formes plus variées, et plus audacieuses, de la représentation érotique. C'est, par exemple, l'accès à une expression plus libre du grivois avec le répertoire du chanteur Pierre Perret, défenseur d'une poésie paillarde nourrie d'argot, inventive et joyeuse. Dans un registre culturel plus légitime, et avec une identité politique marginale revendiquée, anarchiste en l'occurrence, Léo Ferré décrit de manière à la fois explicite et imagée, dans certains de ses titres comme *Ta source*, des pratiques sexuelles qui continuaient alors à être considérées par la morale dominante comme des aberrations, ou en tout cas des choses qui devaient être tues.

En 1974, le film de Just Jaeckin *Emmanuelle* bénéficie d'un changement de paradigme majeur dans la politique de censure des œuvres et connaît un succès important. C'est le début d'un processus d'accès toujours plus large et simplifié du grand public à ce qui la veille formait l'obscène. Les années 1980 sont marquées par une amplification de ce processus, mais aussi par le déploiement d'horizons érotiques plus sombres, très éloignés de l'hédonisme sans fioritures, spontanéiste, inspiré du *flower power*. En particulier, le BDSM — comme esthétique et comme disposition psychosexuelle à situer le plaisir dans l'impensable de la douleur et de l'humiliation — commence à étendre sa notoriété au-delà de la sphère de la pornographie et de celle des avant-gardes et des maudits de la création artistique. En 1986, avec *9 semaines ½*, Adrian Lyne livre au grand public le récit filmique certes encore assez *soft* d'une relation de soumission érotique. Près de trente ans plus tard, c'est la saga *50 nuances de Grey* d'E. L. James qui porte l'étendard d'une subversion très calibrée sur ce même registre.

Dans le champ de la production musicale de masse, les clips vidéos permettent à de nombreux artistes de s'associer, durablement ou ponctuellement, et de manière plus ou moins approfondie, à des esthétiques érotiques sulfureuses. Au milieu des années 1980, Depeche Mode avait contribué à faire connaître les relations érotiques fondées sur la domination, avec son titre *Master and Servant*. Au début des années 1990, c'est Madonna qui, dans sa chanson *Justify My Love* et dans le clip qui l'accompagne, met en scène toute la panoplie des tenues, accessoires et attitudes du BDSM, dans un contexte érotique gynarchique. Citons également le groupe Indochine et la chanteuse Mylène Farmer, dont l'ensemble de la carrière s'est fait dans l'identification à une âme érotique divergente toute d'équivoque et de tonalités vespérales[12].

Les imageries issues du champ de représentation de la perversion se sont ensuite progressivement banalisées (et sans doute dénaturées…), au cinéma, dans les séries télévisées, la publicité, les jeux vidéo. Le «porno-chic» — entre visuels chocs

---

12. La provocation sexuelle dans la musique recourt à quantité de registres stylistiques. Dans le rap, par exemple, certains textes et certaines images renvoient à un référentiel nourri de pornographie et de machisme, où la femme est dominée, mais sur un mode qui n'est pas celui — volontaire et en un sens artificiel — des jeux de soumission érotique de type BDSM.

et esthétiques décadentistes, de corps bronzés et toniques en corps diaphanes et alanguis — nous familiarise avec des atmosphères érotiques dont la particularité est de se souligner elles-mêmes comme sulfureuses. Des plasticiens autrefois infréquentables, comme Robert Mapplethorpe, sont désormais exposés dans les musées les plus prestigieux.

De cette visibilité accrue découle un déplacement des critères qui font pour le sens commun qu'une provocation est tolérable ou véritablement scandaleuse. Plus globalement, notre époque est celle d'une libéralisation accrue des mœurs, au sens où le champ du licite s'étend, où l'hostilité frappe dans une moindre mesure les comportements sexuels marginaux (cette hostilité étant d'ailleurs sanctionnée pénalement dans les législations de type libéral comme discrimination, dans le cas notamment de l'homophobie). Désormais, l'accès aux différents discours sur le sexe est facilité, techniquement, juridiquement, moralement, et en retour ces discours prolifèrent sous des formes et avec des contenus plus diversifiés. Les nouveaux univers mentaux du sensuel n'ont pas tous à voir avec l'hyperesthétisation de la déviance et des performances sexuelles non conformistes. Leur registre n'est pas figé dans celui de la provocation, de la geste subversive postpunk, et peut relever d'une appréhension sensible de formes de vie sexuelle et sentimentale inédites, dans ce que celles-ci engagent pour le sujet, au plus profond de son identité. On le constate dans le domaine cinématographique, avec des films comme *Breaking the Wave* (Lars von Trier, 1996), *Une histoire pornogra-*

phique (Frédéric Fonteyne, 1999), *Short Bus* (John Cameron Mitchell, 2006), *Happy Few* (Anthony Cordier, 2010), *Nymphomaniac* (Lars von Trier, 2013), *La vie d'Adèle* (Abdellatif Kechiche, 2013), *Something Must Break* (Ester Martin Bergsmark, 2014). On le constate dans le roman, avec notamment la forme de l'« auto-fiction », propice à l'introspection, dans la chanson à texte, ou encore dans la photographie expérimentale.

Ces œuvres, entre réalisme et intimisme, dévoilent (et suscitent auprès de leurs publics, dans un mouvement de *feed-back* où le sociologique et l'individuel s'entrecroisent de façon toujours complexe) des questionnements sur le désir et le sexe qui sont aussi politiques, notamment en ce qu'ils véhiculent un regard égalitariste sur les relations entre les sexes, une attention profonde aux identités de genre.

Dans la postmodernité, l'érotique n'est ni uniforme, ni holistique, ni statique. Elle possède en propre d'être générée par une multitude d'instances, généralistes ou micro-culturelles, groupales ou individuelles, institutionnelles ou indépendantes, académisées ou alternatives. Avec l'internet, les segments non conformistes de notre société peuvent participer de plein exercice à ce vaste mouvement démultiplié de réflexivité; sans doute en sont-ils d'ailleurs les éléments les plus dynamiques.

L'aura que peut posséder le monde libertin tient pour beaucoup à l'intérêt que celui-ci porte aux expressions artistiques de tous ces érotismes hors norme, dont il contribue assez efficacement à donner le sentiment qu'ils sont toujours plus proliférants, diversifiés et inventifs. La veine du BDSM apparaît comme particulièrement féconde dans les esthétiques qu'il promeut. L'*erotic noir*, pour reprendre le terme de la cinéaste Maria Beatty, se développe, se transforme, dans un mouvement de croisements avec d'autres formes de création plus ou moins confidentielles, et en tout cas elles aussi versées dans le « mauvais genre ».

Au fil de ces quinze ou vingt dernières années, toute une mouvance baptisée *deviant art* est devenue l'étendard d'œuvres iconiques souvent liées à des créations musicales, romanesques ou scéniques *underground* assez hétérogènes mais porteuses d'une même vision crépusculaire, souvent anxiogène, dérangeante, spécialisée dans les « errements » du désir. Cette mouvance est traversée en particulier par les esthétiques et univers mentaux issus de la subculture *fetish* ainsi que par le *body art* et par ses fantasmatiques doloristes du corps extrême[13]. À l'évidence, ces esthétiques que promeuvent les réseaux les plus audacieux et fertiles de l'art érotique du vingt et unième siècle véhiculent une optique

---

13. Voir Philippe Rigaut, *Le fétichisme, perversion ou culture ?*, Paris, Belin, « Nouveaux mondes », 2004. Lors des échanges que j'ai pu avoir avec Joyce McDougall dans les dernières années de sa vie, celle-ci relevait dans ces croisements des nouvelles scènes érotiques avec d'autres subcultures elles aussi à la marge une forme inédite de réalisation à la fois collective, inventive et évolutive de cette « anormalité » dont elle avait su montrer combien elle était nécessaire à la culture humaine.

perverse — et donc, en un sens, romantique[14] — des articulations entre pulsions de vie et pulsions de mort, qu'elles vouent à ne s'exprimer que sous le sceau de l'ambivalence, de l'équivoque[15].

Le musée imaginaire collectif du libertinage — tel qu'il se renouvelle sur les supports numériques — est une voie d'accès pertinente, éclectique mais cohérente, aux nouvelles tendances de l'iconographie érotique. Parmi les photographes actuels qui ont les faveurs d'un public libertin plus engagé culturellement, un certain nombre s'imposent en dehors de ce milieu, et bénéficient du mouvement tout postmoderne d'académisation du non-conformisme en art. C'est le cas de Laurent Benaïm, auteur de photographies crues, explicites et provocantes, dans un noir et blanc saturé, dont l'objet n'est pas le libertinage mais la pluralité des partenaires, des anatomies, des âges, des identités, des situations et des pratiques, dans un esprit de célébration du hors-norme, en toute neutralité en termes de décorum et de tenue vestimentaire (les photos sont réalisées dans un studio vierge de tout meuble et les acteurs sont toujours nus, à l'exception de parures fétichistes).

---

14. Philippe Rigaut, *More than life. Du romantisme aux subcultures sombres*, Aix-en-Provence, Rouge Profond, « Débords », 2015.

15. On observe que le qualificatif laudatif « pervers » est progressivement remplacé dans l'univers du libertinage par des termes comme *hentai* ou *kinky*, qui désignent une bizarrerie érotique ne se reconnaissant pas dans des étiquetages d'inspiration psychiatrique mais aspirant, précisément, à se cultiver elle-même dans l'art et la création.

Dans un style très différent, où le sentiment de l'énigmatique du sexe et du désir se manifeste sur un mode plus conceptuel, Gilles Berquet réinvente une esthétique fétichiste inspirée de Pierre Molinier, surréalisante, onirique, avec pour principal modèle son égérie Mirka Lugosi. Du travail de Gilles Berquet, Paul Ardenne note qu'à la fois il respecte la loi pornographique de réduction de la femme au rang d'objet, et provoque la déception du voyeur, par « l'anormale complicité du modèle et du photographe, le désir réciproque et partagé de *faire image*[16] ».

Les libertins amateurs d'art érotique semblent apprécier tout particulièrement les représentations des jeux SM dans lesquelles se joue une forme *old school* de dramatisation du désir et des sens, comme celles de Frédéric Fontenoy. Mais ils peuvent aussi apprécier des productions iconiques moins sombres, et ne se référant à aucune perversion, comme celles de Fabrice Numa, auteur de clichés de femmes immédiatement reconnaissables à leur cadrage, colorés, décalés, qui réinventent les critères de la séduction féminine sur un mode ludique, joyeux, décomplexé à l'égard des standards traditionnels.

La performance libertine se donne elle-même comme objet de représentations iconographiques de

---

16. Paul Ardenne, « Figures de la sexualité dans l'art des années quatre-vingt-dix », *Figures de l'art*, n° 4, décembre 1999. Je souligne.

type artistique. Pour de nombreux acteurs, se prêter à une séance photographique de ce type fait partie des expériences incontournables (impératif qui, bien entendu, peut demeurer à l'état fantasmatique).

Le monde libertin accueille donc des photographes confirmés, dont certains lui consacrent l'intégralité de leur travail. Il en est ainsi de Ressan, l'un des plus éminents agents de propagande d'une vision assez élitiste du libertinage, dans l'esprit d'Helmut Newton. Ressan représente en même temps qu'il le façonne un libertinage «haut de gamme», où le sexe est comme sublimé, magnifié par tout le décorum de manoirs, palaces ou appartements haussmanniens, et par le vertige de situations transgressives qui requièrent fouets, cravaches, postures d'immobilisation et autres jeux de discipline. Il restitue la dimension scénaristique de ces situations sophistiquées de manière assez paradoxale, en isolant l'instant dans une sorte d'a-temporalité troublante, presque mythologique. La posture de surplomb qu'il peut adopter, avec des prises de vue depuis un escalier ou une mezzanine, une certaine fixité des scènes, le caractère soutenu des couleurs et leurs contrastes aiguisés travaillent à cette impression de temps suspendu qui désigne une forme d'érotique où les plaisirs charnels et ceux de l'élaboration mentale sont profondément liés.

Dans un registre tout à fait différent, Enguerran Ouvray, connu pour d'autres types de travaux, a réalisé quelques séries de photos qui documentent le libertinage et la pluralité sexuelle de manière immédiate et réaliste, sans scénarisation, artifice

ou effet de style, mais à mille lieux d'un regard clinique, ou de nature pornographique. Ses photos de
soirées libertines évoquent davantage la convivialité
que la théâtralité. Elles ne participent pas d'une
production iconographique vouée à construire
la légende du libertinage, à en esthétiser l'imaginaire, à en illustrer la doxa aristocratique. Elles
nous interpellent « sur le vif », mais avec tact et
pertinence, en la saisissant dans ses formes les plus
limpides, sur ce dont est faite la performance libertine contemporaine ; sur la vérité des corps se liant
de manière improvisée à d'autres, parfois inconnus ;
sur l'intensité de ces instants éphémères d'abandon
collectif qui ne suivent aucune partition pré-écrite.

En souhaitant figurer sur ce type de photos,
le sujet ne cherche pas toujours uniquement à
conserver le souvenir de cette part de lui à laquelle
l'âge imposera tôt ou tard de renoncer. Il peut y
avoir dans ce souhait la jouissance de la situation
exhibitionniste en elle-même, où l'acte photographique n'est plus alors un pur acte d'enregistre-
ment de l'instant, mais contribue à l'édification de
cet instant comme summum érotique. Quant au
photographe, il est toujours ce voyeur absolu que
la situation consacre en substitut de la conscience
des acteurs s'anéantissant dans l'extase.

En dépit de la multitude de démarches qui
le rabaissent au rang de marché sur le plan cul,
le libertinage contemporain s'affirme comme un
espace de construction d'un rapport à soi où le
fantasme, le désir, l'émotion relationnelle et le
plaisir peuvent échapper aux cloisonnements et

ordonnancements convenus et interagir dans un processus d'interactions toujours plus fécond. Il répond à un contexte sociétal qui encourage à l'idéalisation de la pulsion et à sa conversion en une forme créatrice du désir. Il répond encore aux reformulations libérales du rapport du sujet à son corps, aux usages de sa liberté individuelle et à l'organisation de sa vie sentimentale.

Chapitre 4
Sensorialité, jeu et identité
dans la performance libertine

L'acte sexuel, aussi « sommaire » que puisse être la manière dont il est réalisé, pourvu que ce soit dans une pleine disponibilité de chacun, en l'absence de tout sentiment de contrainte, de culpabilité ou d'intranquillité, implique pour le sujet une expérience très particulière, que Michel Foucault a décrite comme ce moment où « il y a un regard enfin pour voir vos paupières fermées[1] ».

La grande affaire du libertinage, c'est au fond de retravailler l'acte sexuel à travers deux formes distinctes, l'une et l'autre tendues vers leur paroxysme, mais néanmoins vouées à devenir complémentaires. Celle tout d'abord de l'hypersensualité, de l'extension du domaine des préliminaires, des voluptés

1. Michel Foucault, *Le corps utopique*, conférence radiophonique sur France-Culture, 1966, en ligne.

décuplées, mais aussi de l'excellence athlétique, dans une logique d'olympiade du sexe dont le *gang bang* est la forme la plus caractéristique. Et celle de la cérébralité, du fantasme, de l'imaginaire, de cette part non organique du plaisir que l'on nomme jouissance, et dont le libertinage encourage la mise en acte. Précisément, ce que permet de réaliser le libertinage — pour ceux qui ne le réduisent pas à la figure de l'enchaînement de performances sexuelles basiques, qui plus est dyadiques —, c'est la réunification pleinement érotique de la chair et de la cérébralité. La possibilité d'agréger à l'acte, et à ses multiples déclinaisons physiques et effets sensoriels, une dimension « spirituelle ».

Au-delà d'une certaine récurrence des formes auxquelles elles peuvent se plier, des grandes figures de styles qui les organisent, les performances libertines demeurent des moments uniques car — paradoxalement — collectifs. L'esprit d'une soirée, sa thématique, le périmètre des pratiques envisageables peuvent être vus comme une partition, mais la pratique de l'art des transports sensoriels collectifs reste une expérience intime. Au cœur de la rencontre libertine, chaque extase est radicalement singulière, en même temps que contingente : son expression résulte de la qualité de la coordination du sujet avec les différents facteurs relationnels du moment. Par-delà les différents contextes et climax, l'architectonique de ces rencontres s'établit comme tension entre un jeu de séduction s'exerçant à un niveau collectif et une position du sujet qui le renvoie au plus profond de lui : là où siège le désir. Elle instruit les conditions d'une exacerbation de cette vérité de l'érotisme telle que définie par Simone de Beauvoir comme « revendication de l'instant contre le temps, de l'individu contre la collectivité[2] ».

Les potentialités d'hypervolupté attendues de la performance libertine sont anticipées, et vécues, différemment par chacun, en fonction de son algorithme érotique propre — lequel indéniablement se modifie au fil de l'existence et des expériences, sauf à être monstrueusement normal ou fondamentalement pervers, c'est-à-dire abonné à la répétition d'un modèle qui pour être complexe demeure voué à l'identique, à l'assignation du désir au « retour du même » à travers une hyperscénarisation mécanique.

Aussi puissante que soit la part accordée par ses adeptes au symbolique, à ses masques, à ses mirages et ses miroirs, le libertinage est loin de s'épuiser dans les abîmes d'une cérébralité exclusive, dans ce qui serait un régime désincarné de l'érotisme. Si l'esprit est nécessaire au libertinage, celui-ci s'impose dans la réalité par des actes et des situations relationnelles tout à fait tangibles, observables, *in situ* ou à travers toute la documentation photographique endotique existante (et qui nourrit la dimension mentale de l'engagement libertin).

---

2. Simone de Beauvoir, *Le deuxième sexe*, t. I, *Les faits et les mythes*, Paris, Gallimard, « Folio essais », 1986, p. 314.

En désignant la rencontre libertine comme performance, il s'agit de poser qu'au-delà du réel que forment les actes il y a l'infini et l'impalpable d'une recherche introspective du sujet sur les significations profondes de sa sexualité et de ses aspects transgressifs. Nous adoptons à cet égard une définition de la performance sexuelle très proche de celle que propose Lynda Hart pour comprendre ce qui se joue en particulier dans le sadomasochisme. Selon cet auteur, parler de performance à propos des pratiques non conventionnelles, c'est désigner celles-ci comme des contestations en acte de la vision essentialiste du sexe portée précisément par la sexualité « vanille ». La performance est une « production de sexe », c'est-à-dire un véritable agir du sexe, expérimental, évolutif, non assujetti aux identités normées[3]. La performance libertine favorise la découverte de zones érogènes et de formes d'exaltation sensorielle insoupçonnées, avec ce prérequis d'une capacité à s'affranchir des interdits, des limitations morales, des tabous, de l'idée d'une impureté, d'une perversion intrinsèque de certaines configurations et pratiques.

Les combinaisons multiples de la pluralité des partenaires, des accessoires et types de manipulation dérogeant à la sexualité *straight* permettent au plaisir sexuel d'échapper à ce que Michel Foucault désignait comme « sa forme virile de plaisir forcé, c'est-à-dire de la jouissance [...] au sens éja-

---

3. Lynda Hart, *La performance sadomasochiste. Entre corps et chair*, Paris, EPEL, 2003, p. 196.

culatoire et masculin du terme ». Michel Foucault envisage la conquête de territoires organiques inexplorés et de formes de plaisirs complètement neuves, libérées des conventions normalisantes, des formes « disciplinaires » de l'érotisme de la modernité ; propices au « grand enchantement du corps désorganisé[4] ». Il défend la possibilité de façonner une « vie créatrice » en relation au sexe, envisageable dès lors que celui-ci cesse d'être perçu comme une « fatalité ». C'est dans cet ordre d'idées d'ailleurs qu'il distingue entre une perception des pratiques SM où celles-ci seraient « la mise à jour ou la découverte de tendances sadomasochistes profondément enfouies dans l'inconscient » et une autre approche qui fait le constat — en observant ce qui se passe dans la « sous-culture S / M » — que ces pratiques ouvrent la voie à des « innovations ». Sur le plan de la géographie sensorielle, ces innovations libèrent le plaisir de sa seule dimension génitale, en le « desexualisant », mais elles s'exercent également sur le plan des jeux et des mises en situation, par l'abandon des identités psychosexuelles figées et l'expérimentation de nouvelles articulations éro-tiques autour des « rapports stratégiques[5] ».

---

4. Michel Foucault, « Sade, sergent du sexe », dans *Dits et écrits*, t. II, Paris, Gallimard, « Bibliothèque des sciences humaines », 1994. Dans cet article, Foucault fait l'hypothèse que Sade serait moins le grand transgresseur de la légende que le parfait formulateur d'un érotisme en phase avec la discipli-narisation sociale propre à notre modernité (p. 821).

5. Michel Foucault, « Une interview : sexe, pouvoir et la politique de l'identité », dans *Dits et écrits*, t. IV, Paris, Gallimard, « Bibliothèque des sciences humaines », 1994, p. 735 et suiv.

L'invitation foucaldienne à une sexualisation de la totalité du corps est aujourd'hui défendue par des auteurs affiliés aux *gender studies* et à la théorie *queer*. Elle est perçue par eux comme une perspective favorable à leur travail de déconstruction de la mystification phallique de la sexualité et de ses effets de discipline des corps et des identités. L'apport conceptuel de ces courants de pensée aux aspects politiques assez radicaux est important pour comprendre les formes et imaginaires érotiques assimilables à la perversion qui sont mis en œuvre dans le libertinage. À travers leur critique du coït hétérosexuel comme référent absolu du plaisir, ils élaborent une distinction entre l'acte et la performance, celle-ci engageant une nouvelle temporalité du désir, où il s'agit moins pour celui-ci d'être satisfait de manière orgastique que d'être reconduit, renouvelé, multiplié, fragmenté, révélé dans sa ductilité… À partir de l'exemple plus précis des négociations qui précèdent la séance SM, Lynda Hart définit la performance sexuelle comme une conception de l'échange érotique, où « le désir est déjà en jeu avant que les "actes" ne soient engagés[6] ». À l'acte, qui est en quelque sorte « définitif », la performance sexuelle oppose une grammaire du désir et du plaisir dans laquelle sont impliqués tous les niveaux, toutes les formes d'expression de la cérébralité.

C'est bien à une sorte de « déjouement » de l'acte sexuel, comme on le dirait d'une tentative criminelle,

---

6. Lynda Hart, *La performance sadomasochiste, op. cit.*, p. 252.

que tendent les scénographies charnelles du libertinage lorsqu'elles s'organisent autour de temporalités
érotiques neuves, d'effets de tension inachevée, en
relation à une exploration au-delà des tabous des
possibles de la chair. Lorsqu'elles cherchent à différer
le plaisir, et en même temps à le rendre permanent,
en usant de « procédures » haptiques inhabituelles,
mais aussi de mises en situation relationnelles théâtralisées et de jeux de rôles singuliers.

Le libertinage offre un répertoire extrêmement
pointu de contacts érogènes et d'actions sexuelles
dont les effets sensoriels, fort logiquement, sont
amplifiés par la pluralité des partenaires impliqués
physiquement dans la performance. Un tel répertoire est un composé de variations autour de pratiques que l'univers pornographique a contribué à
faire connaître, et dont l'art érotique contemporain
livre des représentations plus subtiles : le shibari, ou
bondage, qui ne saurait être réduit à une pratique
BDSM parmi d'autres ; le *bukkake*, éjaculation de
plusieurs hommes sur un(e) même partenaire ; le
fétichisme du latex ; etc... En particulier, les pratiques sexuelles doloristes sont largement intégrées
aux variantes infinies que la performance libertine
offre à cette démarche d'exploration esthésiologique. La grammaire sensorielle induite par les pratiques BDSM apparaît radicalement « insensée » au
non-initié, tant semblent en effet « contre nature »
les extases des pinces à seins, de la cravache, des
postures humiliantes, et tant semble difficile à

admettre la possibilité du respect du partenaire soumis de la part de celui qui le maltraite.

Le masochisme sexuel peut procéder de deux dimensions. La première est celle du masochisme moral, où un sentiment d'infériorité omniprésent pousse le sujet à explorer jusque dans la jouissance le vertige de la néantisation, afin d'être confirmé dans l'image dégradée qu'il possède de lui-même[7]. La seconde relève d'une logique tout à fait différente : c'est celle du masochisme érogène, soit selon Freud une affirmation claire des pulsions de mort comme mode de l'excitation sexuelle[8]. Ici, ça n'est pas nécessairement la dépréciation de soi qui agit comme dynamique des fantasmes de douleur et d'obéissance : prime l'aspiration à une autre réalité cénesthésique, en lien parfois avec la nécessité pour le sujet de faire « positivement » avec un trauma originaire, ainsi que le suggère Robert J. Stoller[9]. Ce qui se joue, dans la morsure de la cravache, dans la pression exercée par les pinces à seins, dans la rudesse de certaines formes de rapports de pénétration, c'est ce que Paul-Laurent Assoun désigne comme l'expérience de sa propre incarnation, en lien structurel avec une « régression de l'objet au moi[10] ».

---

7. Sacha Nacht, *Le masochisme*, Paris, Payot, « Petite bibliothèque Payot », 2008.

8. Sigmund Freud, *Du masochisme*, Paris, Payot, « Petite bibliothèque Payot », 2011, p. 172.

9. Robert Stoller, « xsm », *Nouvelle Revue de psychanalyse*, n° 43, « L'excès », printemps 1991, p. 223-248.

10. Paul-Laurent Assoun, *Leçons psychanalytiques sur le masochisme*, Paris, Anthropos, 2003, p. 57.

Les situations de soumission sexuelle dont le libertinage permet la réalisation sont très largement construites sur le modèle hétérosexuel. Et très majoritairement elles s'organisent autour de la figure de la femme-offrande. Cette figure est magnifiée dans l'Eros féroce des *gang bangs*, là où la femme s'abandonne à une lubricité totale, dans des ambiances crues, désignées comme *hard* par les acteurs ; là où elle consent à n'être que l'objet d'une baise à la chaîne dont le côté avilissant est souvent théâtralisé — condition pour qu'il puisse procurer un véritable surplus de jouissance cérébrale. La théâtralisation des performances de pluralité masculine recouvre des registres d'ambiance et des scénarios très variés. Il peut s'agir notamment de simulacres de viols, de tournantes, « réalisées » par des hommes recrutés pour leur profil de jeunes « lascars » musclés et leur machisme assumé.

Dans ces situations plus vigoureuses, la curiosité pour l'autre n'est pas requise. Son nom, son visage même, sont estompés par un désir rendu à sa brutalité, à son immédiateté, qui ne laisse plus place aux attentes caractérisées comme féminines de séduction, de verbalisation, d'approches ludiques… Elles font basculer le féminin dans son expression de soumission, qu'elles absolutisent. La femme, ici, accepte la suprématie masculine de manière pleine et entière, et jouit d'endosser dans l'abandon le rôle de l'objet sexuel, de reconnaître la prédestination identitaire liée à son genre ; de devenir une « femelle », une « salope » assumant ce statut avec un zèle ironique. Car, par un curieux paradoxe du fond et de la forme, c'est dans ce basculement que le féminin peut s'approprier les traits classiquement associés à la sexualité masculine du désir immédiat, dé-sentimentalisé et réifiant, et ce faisant adresser un sarcasme sublime au machisme, ici mis en scène dans une sorte d'équivoque.

D'ailleurs, les hommes recrutés pour participer à ce type de rencontre, sélectionnés pour leur physique (avec le cas échéant des critères précis, visant à l'homogénéité ou au contraire au panachage) et leur endurance, se considèrent eux-mêmes comme des officiants anonymes auxquels il n'est demandé que d'être « efficaces ». Ce sont des « bites sur pattes », des « godes humains », pour reprendre la terminologie en usage ; des robots, des exécutants mécaniques, aussi impersonnels qu'un *sex toy*. Dans ces contextes se trouve extrémisée l'ambivalence de ce qui apparaît davantage comme un masochisme « au » féminin que comme la stase ontologique du masochisme féminin. Comme l'exercice d'un jeu cathartique avec une prétendue nature qu'il s'agit précisément (de manière plus ou moins consciente) de « défaire », sur un mode transférentiel complexe et ambigu.

Le modèle gynarchique occupe au sein du monde libertin une place certes secondaire mais cependant non négligeable. La femme phallique, équipée de son gode-harnais, fait de l'homme soumis le dépositaire inattendu du féminin. Elle le place alors dans une situation qui appartient de plain-pied au contre-nature.

L'homme possédé par une femme, qui pratique sur elle la fellation, ou qui est sodomisé par elle, incarne la forme la plus élémentaire, mais aussi la plus radicale du désordre. Il est le féminin, l'ouverture passive, la joie dans la soumission ; tandis que de manière parfaitement symétrique elle est (artificiellement) le masculin, la force pénétrante, dépositaire du pouvoir de diriger les opérations avec fermeté et de les commenter en termes crus. La performance D&s (pour « Domination et soumission », celle-ci portant la marque d'infamie de la minuscule) ou BDSM de type gynarchique constitue un défi absolu à l'ordre sanctuarisé des choses, celui de la virilité masculine et du masochisme féminin.

Mais, si l'on suit le point de vue défendu par la sociologue Véronique Poutrain, ce défi procède d'un faux-semblant. Pour cet auteur, les jeux de domination, quelle que soit la répartition des rôles, sont toujours au service de la réaffirmation de la suprématie masculine. La condition du soumis mâle ne serait fondamentalement qu'un simulacre qui lui permet de se prouver qu'il possède un phallus « en s'illusionnant qu'il est dominé[11] ».

Pratiquement — et par-delà les configurations de genres et de rôles genrées —, toutes ces performances doloristes sont de l'ordre de l'épreuve pour chacun des partenaires. La maîtrise mentale et physique que le / la « top », le / la « dom », exerce

---

11. Véronique Poutrain, *Sexe et pouvoir. Enquête sur le sadomasochisme*, Paris, Belin, « Nouveaux mondes », 2003, p. 148.

sur le / la « bottom », le / la « sub », proscrit l'amateurisme lorsqu'il s'agit de manier des instruments délicats, de pratiquer le bondage ou de conduire à des postures limites sur le plan psychologique. Elle requiert la plus grande maîtrise de soi. De la même manière, la discipline imposée au partenaire soumis conduit celui-ci à une forme de lâcher-prise d'une intensité rare, souvent évoquée par les acteurs en termes de révélation mystique, d'accès à un absolu.

Anita Philips décrit les bienfaits psychiques de la soumission comme un oubli de soi au travers de jeux sexuels vécus comme une ascèse. Elle note que le bondage contribue à ce satori dans la mesure où, en interdisant au désir de s'exprimer extérieurement, il favorise l'intensification des sensations intérieures. Elle note également, comme Lynda Hart et d'autres auteurs, le rythme particulier des performances de type BDSM ; cette temporalité proche du rituel et qui fait de la séance une « cérémonie », où « chaque étape fait grimper la tension jusqu'à saturation avant de passer à la phase suivante[12] ». Gilles Deleuze, dans son développement sur *La Vénus à la fourrure*, a clairement repéré ce paradoxe du bien-être du soumis, le définissant comme une tyrannie invisible exercée par celui ou celle qui pourtant était censé n'être que l'objet de sa propre néantisation, et par conséquent comme une inversion des termes du contrat d'esclavage[13].

---

12. Anita Philips, *Défense du masochisme*, Paris, Odile Jacob, 1999, p. 180.

13. Gilles Deleuze, *Présentation de Sacher-Masoch. Le froid et le cruel*, Paris, 10/18, 1971.

Le sadomasochisme, qu'il soit pratiqué dans des formes très scénarisées, conceptuelles même[14], ou de manière très physique, sur le mode parfois de l'extrême revendiqué comme tel par les acteurs, n'offre aucun espace pour le véritable sadisme, qui se nourrit, lui, d'une contrainte non désirée par l'autre. Les performances qui le caractérisent, quel que soit le nombre de participants, mettent le partenaire soumis en situation d'objet, mais dans une illusion partagée, entretenue de concert, dans le but de créer une ambiance stimulante. Le sadisme qui s'exerce ici est toujours contraint par les limites du masochiste; les excéder, ce serait faire de ce dernier la victime d'une authentique violence relevant du droit pénal au même titre que n'importe quelle agression physique.

Ces limites à la douleur et à l'humiliation — celles du partenaire soumis, mais aussi celles de son tourmenteur — sont très variables, et l'univers BDSM inspire des pratiques très édulcorées, de l'ordre parfois du simulacre, autant que des pratiques extrêmes, d'esclavage, de suspension, de dilatation, de scarification, ondinistes, scatologiques, etc. Les pratiques *soft* composent un paysage D&s dont l'appartenance au champ du BDSM ne tient parfois qu'à des aspects relativement superficiels, de l'ordre du look, du décorum, des mots employés. Il s'agit moins ici d'imposition de douleur que de gestuelles fermes, de sadisme que de

---

14. On pense aux scénographies de Jeanne De Berg et à celles de Maîtresse Cindy, dont le travail vidéo est régulièrement présenté et discuté auprès du public de la création contemporaine.

commandement, de néantisation physique que de théâtralité. Le sadomasochisme — essentiellement sous ces formes sophistiquées, nourries de jeux de rôle et brûlant du feu de l'intellect, des situations D&S — est la perversion la plus prisée de ceux qui envisagent le libertinage comme terrain d'expérimentation pour des pratiques autres que *straight*.

Les dissidences érotiques et sexuelles « mineures » ne sont pas encouragées dans les autoreprésentations « institutionnelles » du libertinage ; elles ne semblent d'ailleurs que peu présentes dans les annonces (et l'on peut par conséquent déduire qu'elles ne sont guère plus évoquées dans les échanges privés, l'essentiel en la matière étant dit dans l'annonce). Exceptions faites du fétichisme de certains matériaux comme le cuir et le latex et de critères de recherche basées sur la différence d'âge, les « niches » de la perversion ne sont pas valorisées dans l'image de lui-même que produit le monde libertin. Pour autant, si elles ne transitent pas par les réseaux du libertinage, les raretés et les subtilités du désir sexuel ne sont pas exclues de la vie communautaire virtuelle et des processus de rencontres qu'elle permet, pas plus qu'elles ne sont ignorées des grands médias positionnés sur le libéralisme des mœurs[15].

---

15. Les hérésies sexuelles sont présentes avec un niveau de spécialisation quasi encyclopédique et des esthétiques bien plus variées sur un site comme Fetlife. Celui-ci n'est d'ailleurs pas un site d'annonces : c'est avant tout une plateforme transnationale des érotismes hors normes et des modes de vie et de pensée de leurs adeptes, dédiée à l'échange de points de vue (sur tous les sujets : des groupes de discussion sont consacrés par exemple à la politique, aux théories du complot, à des séries télévisées ou

L'érotisme libertin procède peut-être au fond d'une logique assez « généraliste » au sein des hérésies sexuelles...

Ce que cherche à célébrer le vocabulaire textuel et iconique du libertinage dans ses formes les plus idéalisées, c'est le talisman de l'intellectualisation. Celle-ci précède la rencontre et la performance qui en est l'objet. Elle est l'œuvre au noir, le *nigredo* d'une excitation mentale conçue comme plaisir en soi. Elle est ce moment de l'élaboration que cultive en particulier le pervers, et que les œuvres artistiques érotiques contemporaines les plus puissantes nous désignent comme possibilité d'une jubilation abstraite mais néanmoins intégrale.

Elle est ce qui donne leur substance aux scénarios qui s'écrivent dans la durée, dans l'ordre de la relation, avec ce que cela peut impliquer comme mise en jeu des affects relationnels. Les rôles, ici, sont nommés avec davantage de précision quant aux types de scénarios auxquels ils renvoient : *master / servant, teacher / student, daddy / baby*... Et chaque partenaire surjoue le sien dans une composition permanente du langage et des attitudes, en toutes circonstances, au-delà même de la présence physique, dans les échanges verbaux à distance en particulier.

Elle est tout simplement le philtre (le filtre...) magique qui chez certains permet de transcender

---

à l'affirmation d'affinités identitaires, religieuses notamment), la rencontre ne venant que de surcroît, dans la limite des distances...

la petite mort orgastique ; le substrat cérébral qui précède la chair tout autant qu'il lui survit lorsque celle-ci est exténuée, narcotisée par sa propre exultation. Une sorte de « créance de l'esprit » versée au désir, comme pour s'assurer de son éternité, parfois sous la forme obsessionnelle de la répétition à l'identique d'un schéma fantasmatique clos sur lui-même.

La dimension cérébrale du sexe libertin ne se manifeste pas uniquement à travers des scénarios élaborés avec un sens du détail plus ou moins rigide, corrélé à un idéal synesthésique de la performance, et tout au moins à un souci prononcé de sa théâtralisation. Sans être pour autant anarchiques, nombre de soirées pluripartenariales suivent le fil rhapsodique de l'imprévu, dont la programmation et le déroulement n'introduisent aucune logique du *Deus ex machina*, et répondent davantage à la phrase-phare du film de David Lynch *Mulholland Drive* dans la scène du cabaret Silencio : « No haye Banda ! » ; « il n'y a pas d'orchestre ! »

Dans ces soirées plus ouvertes à la spontanéité, plus conviviales également, la cérébralité se manifeste dans une dimension de l'émotion et de l'affect immédiats dont l'épicentre est l'alchimie des désirs qui s'harmonisent quasiment dans l'instant, autour de ce qui n'est plus formulable que par le corps et le regard : le *feeling*, dans le langage des libertins.

Le libertinage est un univers très majoritairement masculin. Les ratios entre les sexes diffèrent selon qu'on envisage les sites d'annonces en ligne, les clubs et les saunas ou les soirées privées, mais à un niveau global les femmes y sont sous-représentées, et sont en général inscrites dans une démarche de libertinage en couple, avec le cas échéant un rôle de « faire-valoir » ou même de tribut au bénéfice prioritaire du conjoint.

La relative rareté de la « denrée » féminine fait de la libertine, *a fortiori* si elle est solitaire, une véritable « proie » ; statut qui peut être accepté, et transformé en défi. Elle est aussi ce qui explique, à un niveau arithmétique, que les situations où une femme dispose de plusieurs partenaires masculins sont plus fréquentes que celles où c'est l'homme qui est en relation charnelle avec plusieurs femmes. Il est à noter à cet égard que chez les hommes ce fantasme de pluralité féminine tient beaucoup plus fréquemment du modèle de la domination gynarchique dans un cadre BDSM affirmé que de celui du seigneur et de son harem.

Au déséquilibre des effectifs s'ajoute celui de la nature de la démarche. Les hommes sont plus généralement dans une logique « productiviste », avec ce que cela signifie également comme standardisation des répertoires érotiques, tandis que les femmes aspirent davantage au charme, à la séduction, à l'inventivité, à des explorations relationnelles mettant en jeu l'intime et l'imaginaire. Les hommes, dont le désir s'exprime de façon plus immédiate, semblent être « inconditionnellement » disponibles. En proportion, les femmes semblent quant à elles plus fréquemment promptes à formuler des exigences élevées, expressions d'une élaboration plus sophistiquée de la pulsion, qui logiquement désignent en creux une probabilité plus grande du rédhibitoire. De ce double déséquilibre il résulte un taux très élevé de « déchet » chez les hommes, que ne compensent que très partiellement les situations de pluralité masculine. Ces dernières ne sont d'ailleurs pas exemptes de critères de sélection drastiques, bien au contraire, notamment en ce qu'elles demandent à être parfaitement sécurisées.

Le féminin — tel qu'il se « révèle » dans sa forme érotique à travers les annonces libertines — recèle une porosité accrue entre le sexuel, le cérébral et le domaine des affects. Au plus haut niveau de l'exigence, chez la femme qui attend d'être sublimée davantage que consommée, le parfait libertin, celui dont on peut dire qu'il l'est dans l'âme, doit — entre autres qualités — paraître agi par d'autres motivations que le prosaïque appât du gain charnel. Il doit s'affirmer, sans être pesant ou intrusif, comme celui qui donne le sentiment d'exercer un choix et non d'attendre d'être choisi. Celui qui, dans le temps de la rencontre et de la performance, sait poursuivre le jeu de la séduction et comprendre intimement cette exigence féminine majeure, exprimée dans toute son ambivalence par l'artiste Miss Tic dans un de ses graffitis : « Fais de moi ce que je veux ! » Celui qui comprend véritablement les nuances du désir libertin au féminin, telles qu'annoncées ainsi, sobrement mais à la manière d'une sentence, dans l'annonce d'une jeune femme lue sur un site échangiste : « J'aime l'impudeur, pas la vulgarité. » Celui qui est capable de réécrire avec maestria les règles de navigation du masculin pulsionnel et du féminin cérébral.

Entreprenant, audacieux et en même temps à l'écoute du dire silencieux, subtilement non verbal, de ses partenaires femmes, ce parfait libertin est dépositaire d'une figure du masculin en définitive complexe et troublante, où le mentor, le guide, doit aussi être un égal, un double, un reflet. À celui-là répond — toujours dans une perspective idéale — une libertine qui s'assume comme telle, dans un esprit d'élévation que mettent particulièrement en valeur les scénarisations D&S. La libertine, telle en tout cas que tend à la définir le discours officiel du libertinage sur lui-même, est à l'avant-garde d'un processus de réappropriation de son désir par la femme, dans le plein exercice d'une féminité dont elle peut surjouer le classicisme, de manière alors distanciée et ironique, dans le but d'outrepasser les limites comportementales imposées par une vision passéiste des genres. Son engagement dans le libertinage est mise en œuvre d'une sensibilité érotique forte à l'esthétisation et à la cérébralité ; à tout ce qui dans le sexuel excède le sexuel.

D'une façon générale, et en assouplissant pour l'occasion la règle de la pluralité que j'ai fixée au libertinage, on pourra considérer que la femme qui évolue seule dans une démarche de multiplication des partenaires, y compris si ça n'est que dans des configurations dyadiques, et sans extravagance érotique particulière, *straight*, peut davantage s'affirmer libertine que son semblable masculin. Car cette geste de femme libérée est davantage transgressive, dans un environnement mental global où il y a encore quelque obscénité morale à imaginer qu'une femme s'expose à être vue comme pendant féminin du « queutard ».

Tout le mystère de la sexualité humaine tient à ce contraste radical — vérité ontologique indiscutable pour les uns, processus de pure construction culturelle pour les autres — du genre. Dès les prémices d'une pensée humaine agissante et consciente, c'est-à-dire dès que notre espèce a tendu vers un en-dehors de l'animalité, la différence des sexes s'est imposée comme figure structurante de l'érotisme et, au-delà, de l'ensemble de l'organisation sociale[16]. Ce contraste devenu norme d'inégalité entre les genres est profondément remis en cause dans le libertinage nouvelle génération, à travers une geste déconstructionniste associant à l'hédonisme une dimension plus activiste.

L'absolu phallique de la sexualité s'est érodé progressivement au fil des trente ou quarante dernières années, et avec lui la suprématie du coït, permettant un nouvel investissement dans d'autres

---

16. Plus encore, selon Roger Caillois, la différence des sexes « fournit tantôt le modèle, tantôt la base de cette bipartition de la nature et de la société en principes complémentaires et antagonistes, qui, justifiant les interdits et présidant aux échanges, fonde le "sacré de respect" » (*L'homme et le sacré*, Paris, Gallimard, « Folio essais », 2006, p. 189).

formes de plaisirs, moins nécessairement soumises aux normes classiques du binôme hétérosexuel, et en tout cas plus ouvertes aux possibilités de circulation du féminin et du masculin, lesquels se révèlent alors comme des essences très volatiles… Le clitoris est devenu l'aiguillon d'une révolution sensorielle qui engage aussi profondément les identités et leurs schémas de mutation dans la performance elle-même. « L'organe qui chez les femmes gouverne l'amour[17] » s'installe — après avoir été de part et d'autre occulté, par Freud notamment — dans une forme de rivalité avec le pénis, lequel était jusqu'alors dans la gloire de sa fonction basique de pénétration. De nouvelles grammaires du plaisir et de la relation psychosexuelle émergent de cet esprit d'« égalitarisme génital » dont on peut penser qu'il a été favorisé aussi par le bouleversement anthropologique de la contraception.

Par les « jeux de genre » qu'il autorise, et sur lesquels il produit une représentation endotique non négligeable, le libertinage contribue à une remise en cause subversive de la conception essentialiste du féminin comme réceptacle et du masculin comme pénétrant et actif. Le degré « primaire » de ces jeux de genre est celui de l'inversion terme à terme de la situation hétérosexuelle « naturelle » ; lorsque la femme parodie le masculin en s'équipant d'un gode-harnais. Mais cet artefact permet également à la femme qui en est équipée d'en user pour pratiquer

---

17. Federico Andahazi, *L'anatomiste*, Paris, Robert Laffont, « Pavillons », 1998, p. 4.

sur une autre femme le coït vaginal, forme absolue du « bon » acte hétérosexuel. « Faire l'homme » s'effectue ici sur un mode qui est mono-genré, en même temps qu'il ne l'est pas intégralement : la « propriété » phallique est actée dans un détournement élaboré qui à la fois l'exacerbe et la contredit, et la place dans un entre-deux fatalement déviant. Une logique assez comparable est à l'œuvre lorsque les jeux de genre se pratiquent entre hommes, l'un des partenaires occupant un rôle réceptif qu'il surjoue — parce que le scénario ambiantique le lui « impose » — dans une identification de lui-même au féminin, comme « salope » par exemple. La performance, dans ces aspects D&s, est ce qui lui permet d'expier cela même qu'il est en train de réaliser, et qui relève là encore d'une incongruité majeure, d'une injure à l'ordre des choses.

Ces performances homosexuelles masculines n'ont d'audience dans le monde du libertinage que si elles s'intègrent à un contexte supra-dyadique impliquant des acteurs des deux sexes (les situations purement uraniennes ne disposant que d'une visibilité libertine très restreinte, beaucoup moindre que celle de leurs jumelles saphiques). Dans certaines formes de candaulisme en particulier, variations bisexuelles autour du *cuckolding*, où le « cocufieur » non seulement « montre » sa virilité au conjoint masculin, mais la lui « administre », sur le mode d'une humiliation ultime : celle d'incarner une féminité soumise.

Quelles que soient les circonstances dans lesquelles ils s'exercent — cadre conjugal ou pérégrination libertine, par paire ou en pluralité, spontanéité ou scénarisation… —, le jeu du féminin chez un homme, celui du masculin chez une femme travaillent à la subversion des polarisations traditionnelles. Le temps du moins de la performance sexuelle, ils en bouleversent les prismes et en réinventent les codes.

Une féminité et une masculinité existent par-delà le genre, par-delà l'anatomique, dans des individualités dont la construction psychique s'est faite de manières différentes. Clotilde Leguil souligne que cette compréhension du genre a été portée par Lacan, à l'encontre de la typologie freudienne, et qu'elle l'a conduit à une définition d'une forme de jouissance féminine qui diffère de la jouissance phallique en ce qu'elle suppose un mode de présence qui s'organise à la fois dans la centralité et dans l'absence, et qui n'est plus marquée par la finitude[18]. Partant de cette conception lacanienne du genre, Clotilde Leguil propose une compréhension claire de la différence entre l'approche du genre par la psychanalyse et celle des *gender studies*; compréhension qui permet de lever le « malentendu » entre ces deux approches[19].

Pour conclure sur ces possibilités que le libertinage offre en matière de jeux de genre, il importe de souligner la relative importance numérique des annonces dont le contenu renvoie très expressément à des propositions et à des recherches de

---

18. Clotilde Leguil, *L'être et le genre*, Paris, PUF, 2015, p. 133.
19. *Ibid.*, p. 95 et 25.

type « troisième sexe », autour des figures de l'androgyne, du travesti et du transsexuel. Ces trois figures (dont la place dans l'espace libertin mériterait de plus longs développements) incarnent — entre ambiguïté, illusion et métamorphose des anatomies — un écart plus qu'une rupture ; elles suscitent le trouble de l'incertitude. Leur domaine est celui du faux-semblant, rassurant pour les hommes « officiellement » hétérosexuels qui, pour que l'honneur soit sauf, ne souhaitent rencontrer que des hommes qui — d'une manière ou d'une autre, entre réalité anatomique et simulacre — n'appartiennent pas (ou plus) totalement au genre masculin. Mais elles répondent aussi à un amour véritable pour le « presqu'il », également ressenti par des femmes[20].

Programmée ou fortuite, organisée dans une confrontation plus ou moins complète avec l'inconnu et l'incontrôlé, la rencontre libertine forme un espace psychosocial tissé de fantasmes individuels, d'interactions charnelles et plus classiquement relationnelles, de positions identitaires, de dynamiques groupales, dont la complexité produit des formes toujours uniques. Aussi ne peut-elle se comprendre, à un niveau qui dépasse toute tentative de compilation exhaustive des situations et des jeux envisageables, que dans la combinaison paradoxale

---

20. J'emprunte le terme « presqu'il » à la chanson du groupe Indochine *3ᵉ sexe* (1985).

de la globalité de ses acteurs et des significations que chacun d'entre eux projette sur l'instant.

La performance libertine — et c'est aussi cela qu'il faut comprendre lorsqu'il est question des formes de cérébralité qu'elle engage — est un maelström d'affects neufs, guidés par le sentiment de la transgression, et *a minima* avec celle de la norme de l'exclusivité sexuelle dyadique. Elle est, pour tous ses acteurs, en toutes circonstances, un exercice de « hors-cadre » ; une mise en jeu de l'intime dans un contexte de bouleversements des repères. Et dans ce vertige du partage de l'inconnu résonne avec une puissance incomparable la formule de Robert Desnos : « L'érotique est une science individuelle[21]. »

Sauf à être complètement dénué d'affects, à n'être que pulsion, chaque acteur du libertinage se sait engagé dans un parcours de mise à l'épreuve de soi, de questionnement sur les ressorts et les possibles de son désir. Chez un même individu l'identité psychosexuelle n'est jamais totalement monolithique et peut produire des fantasmes d'une grande variété, simultanément ou par épisodes, au fil des expériences sexuelles mais aussi d'autres événements personnels avec lesquels lui seul peut faire le lien.

L'évolutivité du désir, forme longitudinale de sa plasticité, est un phénomène dont le monde libertin constitue un site d'observation particulièrement

---

21. Robert Desnos, *De l'érotisme*, Paris, Gallimard, « L'imaginaire », 2013, p. 54.

fécond, comme en témoigne la fréquence, dans les annonces, de la notion d'«envie du moment». Le libertinage est bien cette possibilité d'engager des tempéraments érotiques, des rôles, qui peuvent varier dans le temps, ou même au cours d'une même session, en adoptant à la suite, dans différents temps d'une même performance, parfois avec un même partenaire, des postures a priori antagoniques.

Au fond, le libertinage contemporain se caractérise peut-être avant tout comme un des domaines les plus adaptés à une expérimentation de soi mêlant intimement le corps et la psyché dans des contextes d'égrégore propices aux processus ludiques de dissolution de l'identité, ainsi qu'à la tentation mystagogique si fréquemment scénarisée et évoquée dans cet univers.

Conclusion
Des « constructeurs de miroirs »

Dans *Miroir de la tauromachie*, court ouvrage de 1938 illustré de dessins de vulves béantes signés d'André Masson, Michel Leiris analyse l'art du torero en le comparant à d'autres activités, et en particulier l'activité sexuelle, également capables de s'affirmer comme des « lieux où l'on se sent tangent au monde et à soi-même[1] ».

Le torero, le poète, l'amant, écrit Leiris, sont les opérateurs d'un phénomène à proprement parler sacré, d'une imbrication ordonnée des contraires en lieu et place de la désorientation inhérente au monde profane et, au plus profond du paroxysme, d'une incorporation de la mort à la vie. Le sacré, poursuit celui qui participe alors aux travaux du Collège de sociologie aux côtés de Georges Bataille

---

1. M. Leiris, *Miroir de la tauromachie*, Saint-Clément-de-Rivière, Fata Morgana, 1981, p. 25 et 67.

et de Roger Caillois, c'est la ligne de crête, l'arête saillante où les choses peuvent se polariser entre le gauche et le droit, soit selon un symbolisme classique entre l'impur et le pur, entre la dépense et l'accumulation[2].

Pour Leiris, le congrès charnel, comme la tauromachie, appartient au registre de «ces faits révélateurs [...] dont la puissance émotive tient à ce qu'ils sont des miroirs qui recèlent, objectivée, déjà et comme préfigurée, l'image même de notre émotion[3]». Au moment où elles s'effectuent, l'une et l'autre de ces activités font vivre un vertige dont la dynamique tient à l'imbrication de la mort et de la vie, et à l'alternance d'états cénesthésiques antagoniques, véritablement couturés les uns aux autres : un processus où l'on se sent «à chaque instant un peu plus ivre de sentir que le plaisir a pu monter plus haut alors qu'à la seconde d'avant l'on se croyait comblé[4]».

Ceux qui construisent ces «miroirs» ont pour activité, précise Leiris, de rendre la mort plus voluptueuse. Non pas de la faire disparaître, mais de l'associer à la vie, dans une sorte de mouvement de balancier au potentiel émotionnel d'une rare intensité. Il faut du sentiment de péché pour atteindre aux sommets du plaisir, c'est-à-dire qu'il faut expérimenter cette position funambulesque entre le gauche et le droit; «position d'apex vertigineux du fait d'être à la fois au-dessus

2. *Ibid.*, p. 55
3. *Ibid.*, p. 28.
4. *Ibid.*, p. 51.

et hors-la-loi, prestigieux et rejeté », ainsi que le formule Leiris[5].

Le plaisir absolu de l'érotisme, tel que s'y consacrent ceux qui pratiquent le libertinage en véritables constructeurs de miroirs, procède de cette logique de l'ambivalence, que traduit en particulier l'exercice d'une re-temporalisation du désir et du fantasme tout au long de la performance, à travers les jeux plus cérébraux. L'érotisme c'est bien, comme l'écrit Georges Bataille, tout à la fois un état non animal de la sexualité et la conscience de cet état : la conscience de la conscience en quelque sorte… C'est une « expérience intérieure » toute de tension spirituelle qui ne peut advenir que dans la transgression de l'interdit, que dans l'association du sublime avec l'impur, avec l'ordure. C'est la confrontation du sujet aux zones de clair-obscur qui le constituent. C'est l'expérience véritablement religieuse — qui ne peut exister autrement que dans la mort — d'une « dissolution » de l'être que nous sommes et de la discontinuité de son état existentiel ordinaire, marqué par la fermeture et l'isolement[6].

En dépit de la profonde hétérogénéité des formes de socialité, des configurations qui y organisent la

---

5. *Ibid.*, p. 55.
6. Georges Bataille, *L'érotisme*, Paris, Minuit, 2011, p. 33 et 102.

performance sexuelle et des démarches, attitudes et attentes individuelles qui y sont engagées, en dépit des sentiments contrastés que pourra laisser chez le sujet telle ou telle expérience, le libertinage présente une unité générale en tant qu'il forme pour ses acteurs un monde — à la fois réel et utopique — dédié à une sorte de hors-champ de l'érotisme *mainstream*, avec ces deux possibles essentiels, isolés ou conjugués, de la pluralité et de la déviance.

Les soirées libertines appartiennent à ce que, empruntant à Michel Foucault, nous désignerons comme des hétérotopies. Clubs, domiciles de particuliers, lieux de réception loués pour l'occasion, chambres d'hôtel…, les espaces dédiés à la rencontre libertine collective sont, comme la foire, le cirque, le cabaret ou même l'opéra, des *topos* de l'entre-deux, de l'équivoque, où le cours « normal », ordinaire et commun des choses est mis en suspens, escamoté par une séquence entre réalité et rêve. Ils relèvent de ces hétérotopies spécifiques dont le rôle est de « créer un espace d'illusion qui dénonce comme plus illusoirement tout l'espace réel, tous les emplacements à l'intérieur desquels la vie humaine est cloisonnée[7] ». Les laps fugaces de voluptés collectives dont ils permettent la réalisation possèdent un aspect religieux évident, parfois souligné (au risque d'un certain effet de « kitsch ») dans l'inspiration liturgique du décorum, des tenues et de la mise en

---

7. Michel Foucault, « Des espaces autres » (1984), dans *Dits et écrits*, t. IV, Paris, Gallimard, « Bibliothèque des sciences humaines », 1994, p. 761.

scène. Ce sont nos modernes cultes à mystère, où le *gang bang* a remplacé le *taurobolium*.

L'Occident chrétien a durablement imposé le questionnement du désir comme accès au point ultime de la vérité du sujet, en lieu et place d'un modèle grec où le sexe, sans être moins corseté de règles et d'interdits, relevait davantage d'une éthique du plaisir. En un sens, l'érotique postmoderne, dont le libertinage est une forme de cristallisation, tend à réconcilier ces deux traditions dans un hédonisme rénové et des formes réinventées du « souci de soi ». Elle tend vers une expression aiguë de cette socialité dionysiaque décrite par Michel Maffesoli comme se logeant dans les interstices, et dans laquelle le collectif, sous les auspices du *daimon*, devient la condition véritablement « organique » d'une « dilatation de l'individu en un ensemble plus vaste où, tout à la fois, il se perd et s'enrichit[8] ». Elle en incarne une formulation à la fois primale, farouche, ardente ; celle de la pulsion sexuelle, où ce qui est directement posé, c'est en effet l'union des corps, la divulgation de l'intime, le triomphe du sensoriel sur le raisonné, l'extase, littéralement l'échappée de soi-même…

La performance libertine est ce temps hors du temps rendu aveugle à lui-même par son intensité charnelle. Mais elle est aussi le siège d'une forme singulière de lucidité qu'elle seule peut délivrer.

La pratique libertine prend place — chez ceux qui s'y livrent autrement qu'en jouisseurs cyniques

---

8. Michel Maffesoli, *Homo eroticus*, Paris, CNRS, 2012, p. 175.

et « inconscients » — comme sentiment d'une signi-fication au-delà des gains directement sexuels, dans une forme de rémanence psychique. Comme un *work in progress* introspectif, où les dimensions tant relationnelles que physiques de la performance, ainsi que les multiples remaniements identitaires qu'elle entraîne, donnent lieu à une interrogation du sujet sur lui-même, et dans certains cas à une élaboration créatrice de type artistique ou litté-raire. Son bénéfice « métaphysique », fréquemment comparé à un dévoilement mystique, ou à une cure psychanalytique, réside dans cette connaissance que le sujet peut y trouver de son désir, de la variabilité, de l'évolutivité et de la capacité de celui-ci à se laisser captiver par l'inconnu et par l'*hybris*, par contournement des stériles chemins balisés qui satisfont le profane.

Le temps de la transgression érotique ne pro-cède d'un libertinage authentique que s'il est plei-nement perçu par les acteurs comme un temps de créativité collective et d'appréhension de soi dans sa propre altérité. En tous lieux et en toutes époques, c'est dans cette conscience que ce temps de l'excès trouve sa « valeur culturelle », à la fois comme reflet et comme négatif de l'érotique générale.

Table des matières

Éditions Liber
2318, rue Bélanger, Montréal, Québec, H2G 1C8
Téléphone : 514 522-3227 ; Télécopie : 514 522-2007
site : www.editionsliber.com ; courriel : info@editionsliber.com

Achevé d'imprimer en juin 2017,
sur les presses de l'imprimerie Gauvin
Gatineau, Québec